글 고희정

이화여자대학교에서 과학 교육을 전공하고 석사 학위를 받았습니다.
중고등학교와 대학교에서 과학을 가르쳤고, 방송 작가로 일하며 《딩동댕 유치원》,
《방귀대장 뿡뿡이》, 《생방송 톡톡 보니하니》, 《뽀뽀뽀》, 《꼬마요리사》, EBS 다큐프라임
《자본주의》, 《부모》, 《인문학 특강》 등의 프로그램을 만들었습니다. 지은 책으로
《어린이 과학 형사대 CSI》, 《어린이 사회 형사대 CSI》, 《의사 어벤져스》,
《신통하고 묘한 고양이 탐정》, 《육아 불변의 법칙》, 《훈육 불변의 법칙》 등이 있습니다.

그림 최미란

서울시립대학교에서 산업디자인을, 같은 학교 대학원에서 일러스트레이션을
공부했습니다. 특유의 집중력으로 여러 어린이책에 개성 강한 그림을 그렸습니다.
그린 책으로 《글자동물원》, 《탁구장의 사회생활》, 《귀신 학교》, 《슈퍼맨과 중력》,
《독수리의 오시오 고민 상담소》, 《초능력》, 《삼백이의 칠일장》, 《이야기 귀신이 와르릉
와르릉》, 《슈퍼 히어로의 똥 닦는 법》, 《겁보 만보》, 《무적 말숙》, 《백점 백곰》 등이,
쓰고 그린 책으로 《집, 잘 가꾸는 법》, 《우리는 집지킴이야!》가 있습니다.

감수 신주영

서울대학교 법대를 졸업하고 사법 시험에 합격해 현재 법무 법인 대화 소속
변호사입니다. 어렸을 때 책을 읽으며 느끼는 행복감이 커서 작가가 되고 싶다는 꿈이
있었는데 변호사 10년 차에 법정 경험담을 소재로 《법정의 고수》를 출간하면서
작가로도 활동하고 있습니다. 《세빈아, 오늘은 어떤 법을 만났니?》, 《헌법 수업》,
《옛이야기로 만나는 법 이야기》, 《질문하는 법 사전》, 《우리가 꼭 알아야 할 법 이야기》,
《대혼돈의 사이버 세상 속 나를 지키는 법》 등 법률가로서의 경험을 살려 법을 매개로
사람과 사회를 들여다보는 책들을 썼습니다.

어린이 법학 동화

변호사 어벤저스
❶ 명예 훼손죄, 진실을 말해 줘!

초판 1쇄 발행 2024년 5월 20일
초판 6쇄 발행 2025년 8월 27일

지은이 고희정
그린이 최미란
감　수 신주영

펴낸이 김남전
편집장 유다형 | 기획·책임편집 임형진 | 편집 이경은 | 디자인 권석연
마케팅 정상원 한웅 정용민 김건우 | 경영관리 김경미

펴낸곳 ㈜가나문화콘텐츠 | 출판 등록 2002년 2월 15일 제10-2308호
주소 경기도 고양시 덕양구 호원길 3-2
전화 02-717-5494(편집부) 02-332-7755(관리부) | 팩스 02-324-9944
홈페이지 ganapub.com | 인스타그램 instagram.com/ganapub1
페이스북 facebook.com/ganapub1

ISBN 979-11-6809-122-1 (74810)
　　　 979-11-6809-121-4 (세트)

ⓒ 2024, 고희정 최미란 임형진

※ 책값은 뒤표지에 표시되어 있습니다.
※ 이 책의 내용을 재사용하려면 반드시 저작권자와 ㈜가나문화콘텐츠의 동의를 얻어야 합니다.
※ 잘못된 책은 구입하신 서점에서 바꾸어 드립니다.
※ '가나출판사'는 ㈜가나문화콘텐츠의 출판 브랜드입니다.

・제조자명: ㈜가나문화콘텐츠
・주소 및 전화번호: 경기도 고양시 덕양구 호원길 3-2 / 02-717-5494
・제조연월: 2025년 8월 27일
・제조국명: 대한민국
・사용연령: 4세 이상 어린이 제품

가나출판사는 당신의 소중한 투고 원고를 기다립니다. 책 출간에 대한 기획이나 원고가 있으신 분은
이메일 ganapub@naver.com으로 보내 주세요.

변호사 어벤저스

① 명예 훼손죄, 진실을 말해 줘!

글 고희정 ✦ 그림 최미란 ✦ 감수 신주영

                법 ... 12   재판 ... 18   법정 ... 22

                변호사 ... 26   로펌(법무 법인) ... 34

검찰청 ... 42   권리 ... 44   명예 훼손죄 ... 52

우리나라 최초의 법은? ... 58   촉법소년 ... 60

                판례 ... 70   증거 ... 76   별점 테러 ... 80

                도덕 ... 84   학교 폭력 대책 심의 위원회 ... 88

학교 폭력을 당했을 때는? ... 100

인터넷 ... 108   고소 ... 112

위법성 조각 사유 ... 118   소크라테스의 재판 ... 122

법원 ... 128   소년 보호 재판 ... 130

죽은 사람의 명예를 훼손하면? ... 138

증인이 거짓말을 하면? ... 142

네티켓(사이버 공간 예절) ... 148

첫 번째 재판

첫 번째 재판

"그러므로 피고인을 징역 1년에 처해 주시기 바랍니다."

검사가 구형을 마치고 자리에 앉자, 판사가 변호인을 보며 말했다

"변호인, 최후 변론하세요."

변호인이 기다렸다는 듯 자리에서 벌떡 일어났다. 순간, 모두의 시선이 변호인에게 쏠렸다. 얼굴이 상당히 앳돼 보였기 때문이다. 변호인은 긴장한 듯 굳은 표정이었으나, 차분한 목소리로 말하기 시작했다.

"존경하는 재판장님, 피고인은 동네 마트에서 생필품을 3회에 걸쳐 훔친 죄로 이 자리에 섰습니다. 그뿐만 아니라, 이전에도 같은 범죄를 저질러 벌금형을 받은 전력이 2회나 있습니다. 그러므로 검사가 구형한 징역 1년은 합당한 처벌이라고 생각합니다."

변호인의 말에 법정 안이 소란스러워졌다.

"피고인을 변호해야 되는 거 아냐?"

"최후 변론이 뭔지도 모르네."

"어린애가 무슨 변호사라고, 쯧쯧."

최후 변론은 변호인이 법정에서 자신이 맡은 피고인을 위해 말할 수 있는 마지막 기회다. 그러므로 당연히 피고인의 형량을 줄여 달라고 말해야 하는데, 오히려 검사의 말이 맞다고 하고 있으니, 어찌 이상하지 않겠는가. 사람들의 웅성거림에도 변호인은 당황하지 않고 단호한 말투로 말을 이었다.

"하지만 법 이 피고인의 사정을 살펴보지 않고 무조건 처벌의 잣대만 들이댄다면 어찌 국민을 위한 법이라 할 수 있겠습니까. 피고인은 지적 장애 2급으로 잘못된 행위에 대한 판단과 절제가 어려운 점, 어머니와 단둘이 살며 최근 극심한 경제적 어려움에 처했던 점, 또한 그러한 피고인의 사정을 알고 피해자도 처벌을 원치 않는다는 청원서를 제출한 점 등을 고려하여 선처해 주시기를 간곡히 부탁드립니다."

차분하고 똑 부러지게 피고인을 변론하는 변호인의 말에 모두 입이 떡 벌어졌다. 변호인의 이름은 이범. 어린이 변호사 양성 프로젝트 1기 출신으로, 로스쿨을 수석으로 졸업하고 변호사 시험에도 1등으로 합격한 뛰어난 인재다.

법

국가에서 만든, 국민이 지켜야 할 강제적인 사회 규범

특히 이번 재판은 이범이 수습 변호사 과정을 마치고 변호인으로 처음 맡은 사건이다. 그래서 많은 사람의 관심이 쏠려 있는 상황이라 이번 재판의 결과는 이범에게도 중요하다.

이범이 변론을 마치고 자리에 앉자, 판사가 피고인을 보며 말했다.

"피고인, 최후 진술할 수 있겠어요?"

피고인은 21세, 이름은 장미순으로 6세 정도의 지능을 가져 지적 장애 2급을 받은 여성이다. 피고인이 판사가 자신을 부르는지 몰라 멀뚱거리고 있자, 이범이 피고인에게 말했다.

"누나, 누나가 말할 차례예요. 할 수 있죠?"

피고인은 고개를 크게 끄덕이며 대답했다.

"응."

"그럼 일어나서 크게 말씀하세요."

이범의 말에 피고인은 천천히 자리에서 일어났다. 그러나 사람들의 시선이 모두 자신에게 쏠리자, 당황해 더듬거리기 시작했다.

"저, 저, 저는……."

이범이 다시 알려 주었다.

"천천히, 이름부터 말하세요."

그러자 피고인은 자신의 이름을 말했다.

"저는 자, 장미순이에요. 스물한 살."

장미순은 양 손가락으로 2와 1을 표시하며 말했다. 그러고는 더듬거리며 말을 이었다.

"무, 물건을 훔쳐서 죄, 죄송합니다. 자, 잘못했습니다. 아, 앞으로 절대로 물건을 훔치지, 훔치지 않겠습니다."

피고인이 고개를 숙이며 잘못을 빌자, 방청객들은 모두 안타까운 표정을 지었다. 이범이 피고인을 자리에 앉혀 주며 말했다.

"잘했어요, 누나."

피고인은 이범의 칭찬에 기분이 좋은지 활짝 웃었다.

그리고 그로부터 2주 후, 장미순에 대한 판결을 알리는 선고 공판이 열렸다. 판사가 헛기침을 하더니 말했다.

"흠흠. 자, 그럼 선고하겠습니다."

판사는 먼저 피고인이 지은 죄를 나열하며, 선고 이유를 설명했다. 좀처럼 긴장하는 법이 없는 이범도 이 순간만큼은 긴장이 되었다. 변호인으로 처음 맡은 사건인 데다 여러모로 사정이 좋지 않은 피고인이라 좋은 결과가 나오기를 바라는 마음이 간절하기 때문이었다. 그리고 마침내 판사가 선고했다.

"따라서 다음과 같이 선고합니다. 피고인 장미순을 징역 6개월에 처한다."

순간, 방청석이 시끌시끌해졌다.

"쯧쯧, 결국 징역형이네."

"어린 변호사가 맡아서 그런 거 아냐?"

이범은 가슴이 덜컥 내려앉았다. 피고인의 형량을 줄여 주기 위해 애를 썼는데, 결국 실패한 것인가. 사람들의 말대로 변호인이 어리다는 점이 판사의 결정에 영향을 미친 것인가.

"조용, 조용히 하세요. 아직 선고가 끝나지 않았습니다."

판사의 호통에 사람들이 조용해지자, 판사가 말을 이었다.

"다만 피고인이 지적 장애 2급인 점, 생활이 많이 어려웠던 점, 훔친 물건의 액수가 크지 않고 피해자가 처벌을 원치 않는 점 등을 고려해 이 판결 확정일로부터 1년간 위 형의 집행을 유예한다."

일정 기간 동안 형의 집행을 미루는 것을 '집행 유예'라고 한다. 즉 징역 6개월의 벌을 내렸지만, 1년 동안 사고 없이 지내면 벌을 받지 않게 되는 것이다. 변호인의 최후 변론과 피고인의 최후 진술이 판사의 선고에 긍정적인 영향을 끼친 게 분명하다. 이범이 자신이 맡은 첫 재판을 멋지게 이긴 것이다.

"와!"

사람들 사이에서 탄성과 함께 박수가 쏟아져 나왔다.

판사가 법정을 나가자, 방청석에 있던 피고인의 엄마가 이

범에게 다가와 인사했다.

"감사합니다, 변호사님. 정말 감사합니다."

이범은 겸손하게 말했다.

"아니에요. 누나가 잘해 준 덕분이에요."

그러더니 피고인에게 물었다.

"누나, 앞으로는 정말 물건 훔치지 않을 거죠?"

피고인이 고개를 크게 끄덕이며 대답했다.

"응, 물건 훔치면 나빠. 이제 안 훔쳐. 약속."

그러면서 이범에게 새끼손가락을 내밀었다. 이범이 새끼손가락을 걸며 말했다.

"약속! 누나가 약속을 잘 지키고 있는지, 제가 한 달에 한 번씩 전화할 거예요. 알았죠?"

사건을 맡고 나서 이범은 장미순의 형편과 사정에 마음이 많이 쓰였다. 그래서 장미순을 친누나처럼 살갑게 대했고, 그러다 보니 서로 정이 많이 들었다. 이범은 앞으로도 장미순과 계속 연락하며 보살펴 주기로 마음먹었다.

"응, 미순이는 약속 잘 지켜."

장미순이 활짝 웃으며 말하자, 이범도 기분 좋게 웃었다. 이범은 속으로 생각했다.

'이겨서 참 다행이야.'

재판

법원 또는 법관이 법을 적용해 판단을 내리는 일

그렇게 첫 재판을 잘 마무리하고 법정 밖으로 나갔는데, 순간, 팡팡! 여기저기서 플래시가 터지는 것이 아닌가. 그리고 기자들의 질문이 쏟아졌다.

"첫 재판을 이긴 소감이 어떻습니까?"

"앞으로 어떤 변호사가 되고 싶습니까?"

우리나라 아니, 세계 최초로 탄생한 어린이 변호사의 첫 재판이라는 사실이 알려지며 국민들도 재판의 결과에 관심이 많았다. 하지만 이렇게 많은 기자들이 몰려올 줄은 전혀 예상하지 못했다. 이범이 당황해 어쩔 줄 몰라 하고 있는데 순간, 뒤쪽에서 우렁찬 목소리가 들렸다.

"죄송합니다. 인터뷰는 하지 않겠습니다."

이범이 속한 법무 법인 '지음'의 대표인 한대호 변호사였다. 한 대표는 이범의 어깨를 감싸안고 기자들 사이를 비집고 나왔다. 하지만 기자들은 계속 따라오며 질문했다.

"한 말씀만 해 주세요. 재판에 이길 거라 생각했습니까?"

"어린 나이에 변호사가 되어 어려움은 없습니까?"

한 대표와 이범은 대답 없이 재빨리 대기하고 있던 승용차에 올랐다. 차가 출발하자, 한 대표가 한숨을 내쉬며 말했다.

"휴, 난리다, 난리."

이범이 미안한 표정으로 말했다.

"죄송해요. 안 오셨어도 됐는데……."

바쁜 한 대표가 자신의 재판도 아닌데 재판에 참석하고, 갑자기 보디가드까지 해 주었으니 미안하고 고마운 것이다.

"감시하러 온 거야. 잘하나, 못하나."

한 대표의 말이 농담인 줄 알기에 이범이 미소를 지었다.

"뭐 나쁘지는 않더군."

한 대표가 어깨를 으쓱하며 말하자, 이범은 칭찬으로 알아듣고 인사했다.

"감사합니다. 앞으로 더 열심히 하겠습니다."

한 대표가 만족한 표정으로 말했다.

"그래, 그래야지."

그러더니 이내 생각난 듯 말했다.

"그래서 말이야. 내가 승소 선물을 하나 준비했지."

"선물이요?"

이범이 의아한 표정으로 되물었다. 한 대표 성격에 선물 같은 것을 준비할 사람이 아니기 때문이다. 한 대표가 능청스러운 웃음을 지으며 말했다.

"응, 선물. 기대해도 좋아."

한 대표가 준비한 선물은 무엇일까? 이상하게 기대보다 걱정이 되는 이유는 무엇일까?

법정

법원이나 재판소에서 재판을 하기 위한 장소를 '법정'이라고 해.
법정은 어떤 재판을 하느냐에 따라 다르게 구성되어 있어.

'재판정'이라고도 하지.

형사 법정 - 형사 재판을 하는 법정

재판장: 대표 판사로, 재판을 지도, 감독

판사: 피고인의 죄를 판단하고, 어떤 벌을 내릴지 판결

변호인: 피고인을 변호

법원 직원: 재판 업무를 보조

검사: 범죄 사건을 수사해 소송을 제기하고, 피고인의 처벌 요구

증인: 사건에 대해 증언하는 사람

피고인: 범죄 혐의로 인해 재판을 받는 사람

방청객: 재판을 관람하는 사람들

재판을 하기 위한 장소

"짜잔~, 선물이야!"

한 대표가 회의실 문을 열어젖히며 말했다. 그 순간이었다.

"축하해요, 선배! 와!"

이게 무슨 일인가. 어린이 변호사 양성 프로젝트 2기 후배이자, 로스쿨 후배들인 권리아, 유정의, 양미수가 이범에게 박수를 보내며 환호하고 있는 것이었다.

"너희들이 왜……?"

이범이 어리둥절하고 있는 사이, 권리아가 엄지를 척 내밀며 말했다.

"역시 선배 짱! 이길 줄 알았다니까요."

양미수도 거들었다.

"실력이 어디 가겠어. 축하해요, 선배."

벌써 이범이 첫 재판에 승소했다는 소식을 듣고 축하 인사를 건넸다. 유정의도 한마디 했다.

"저희도 잘 좀 가르쳐 주세요."

이범이 황당한 표정을 지으며 한 대표에게 물었다.

"얘네들이 선물이에요? 에이, 아니죠?"

이범이 애써 부정하며 물었지만, 한 대표는 호탕하게 웃으며 대답했다.

"맞아, 선물. 이제 막 주니어 변호사가 됐는데, 밑으로 수습 변호사를 세 명이나 붙여 줬으니 얼마나 큰 선물이냐. 하하."

로스쿨을 졸업하고 변호사 자격시험에 합격하면 보통 변호사 사무실이나 로펌에 수습 변호사로 들어간다. 그리고 수습 변호사 과정을 거치고 나면 주니어 변호사가 되는데, 그때서야 변호인으로 재판에 설 수 있게 된다. 그러니까 이범은 수습 변호사를 마치고 주니어 변호사가 되어 오늘 첫 재판에 선 것이고, 후배들은 이제 막 변호사 시험을 통과해 법무 법인 지음의 수습 변호사가 된 것이다.

이범이 난처한 표정을 지으며 말했다.

"그래도 세 명을 저 혼자 어떻게 가르쳐요?"

그러자 양미수가 납작 엎드리며 말했다.

"선배, 말 잘 들을게요."

"시키는 대로 다 할게요."

권리아도 덧붙이자, 유정의도 인심 쓰듯 말했다.

"에이, 선배가 후배 좀 챙겨 주세요."

"나도 챙겨 주고는 싶지. 그런데 세 명은 좀……."

이범이 곤란해하자, 한 대표가 물었다.

변호사

법과 관련된 문제가 생겼을 때는 어떻게 해야 할까?

법 조항은 너무도 많고, 또 일반 국민이 이해하기에는 어렵거든.

그럴 때는 변호사를 찾으면 돼. 변호사는 법과 관련된 상담을 해 주고,

재판에서 원고나 피고를 변호하는 일을 하거든.

법과 관련된 일을 상담하고, 재판에서 피고나 원고를 변호하는 사람

"그렇지? 이제 막 주니어 변호사가 됐는데, 수습 변호사 세 명은 좀 힘들겠지?"

"그럼요, 당연히 힘들죠."

이범이 얼른 대답하자, 한 대표가 씩 웃더니 말했다.

"그래서 내가 준비했지."

이범은 왠지 불안한 마음이 들었다.

"뭘요?"

이범이 묻자, 한 대표가 회의실 문을 바라보며 말했다.

"올 때가 됐는데……."

"누가 또 와요?"

권리아가 의아한 표정으로 물었다. 그때였다. 갑자기 회의실 문이 벌컥 열리더니, 한 남자가 버럭 소리를 쳤다.

"대표님! 너무……."

얼굴까지 벌겋게 된 것으로 보아 화가 많이 난 것 같은데, 남자는 아이들을 보고 얼른 입을 다물었다. 한 대표가 반기며 말했다.

"왔네! 인사해. 너희가 대장으로 모실 고민중 시니어 변호사님."

주니어 변호사로 어느 정도 경력을 쌓으면 시니어 변호사가 되는데, 시니어 변호사는 보통 여러 변호사로 이루어진 팀을 이끌며 일한다. 한 대표의 말에 아이들은 깜짝 놀라 벌떡 일어나 인사했다.

"처음 뵙겠습니다, 변호사님."

유정의가 자기소개를 했다.

"수습 변호사로 일하게 된 유정의입니다. 잘 부탁드립니다."

"권리아입니다."

"양미수입니다."

권리아와 양미수도 차례로 인사했다. 고 변호사는 당황한 표정이 역력했지만 인사를 받고 가만히 있을 수는 없었다.

"어, 그, 그래요. 반가워요."

고 변호사는 아이들을 보며 건성으로 인사를 했다. 그러더니 굳은 표정으로 한 대표에게 말했다.

"대표님, 잠깐 얘기 좀……."

"얘기? 그래, 하지 뭐."

한 대표가 흔쾌히 대답하며 일어나고, 둘은 곧바로 회의실을 나갔다. 왠지 심상치 않은 분위기였다.

"아, 뭐야!"

이범이 갑자기 머리를 움켜쥐며 탄식했다. 양미수가 걱정스러운 표정으로 물었다.

"왜요? 무서운 분이세요?"

고 변호사가 무서운 사람이라 이범이 괴로워하는 것이라고 생각한 것이다. 이범은 고개를 저으며 말했다.

"아니, 나는 너희가 더 무서워."

갑작스레 후배 세 명을 맡게 되었으니 앞으로의 일이 걱정되었다. 권리아가 장난스럽게 말했다.

"아이, 선배, 왜 그러세요? 저희 좋아하시잖아요."

그런데 그때였다.

"너무하신 거 아닙니까! 아니, 주니어 한 명에, 수습 세 명이라니요!"

한 대표의 방에서 들리는 소리였다. 고 변호사가 이 팀을 맡게 된 것에 불만을 터뜨리고 있었다. 조금 전에 화가 나 문을 벌컥 열고 들어온 것도 그것 때문이었던 것이다.

"어쩌 분위기가 좀 이상하다."

유정의가 걱정스러운 표정으로 말하자, 양미수도 말했다.

"환영하는 분위기는 아니네."

아니나 다를까, 한 대표의 방에서는 화가 난 고 변호사가 계속 따지고 들었다.

"사건 한두 건 졌다고, 바로 좌천시키시는 겁니까?"

사실 고 변호사는 뛰어난 능력으로 맡는 사건마다 승소하는 저력을 보이며 남들보다 빠르게 시니어 변호사가 된 인물이다. 그런데 6개월 전부터 갑자기 소송에서 줄줄이 패소하고 있으니, 그래서 모두들 맡기 싫어하는 수습 변호사를 맡긴 것이냐고 따지고 있는 것이다.

"한두 건이 아니라, 다섯 건이야."

한 대표가 콕 집어 말하자, 고 변호사는 당황해 손가락으로 숫자를 세더니 인정했다.

"그, 그러네요. 다섯 건이네요."

역시 칼같이 정확한 한 대표다. 고 변호사는 그래도 억울한 듯 볼멘소리를 했다.

"그렇다고 해도 이렇게 바로 좌천시키는 건 너무한 거 아니에요? 그동안 제가 승소한 건수가 몇 개인데……."

그러자 한 대표가 이해할 수 없다는 표정으로 물었다.

"이게 왜 좌천이야? 네 밑에 변호사를 네 명이나 붙여 줬는데."

"다 애들이잖아요. 게다가 셋은 수습이고, 한 명도 이제 막 수습 딱지를 뗀 애송이 아닙니까. 저보고 학교 선생님을 하라는 거냐고요."

고 변호사가 항변하자, 한 대표는 고 변호사를 물끄러미 쳐다보더니, 낮지만 단호한 목소리로 말했다.

"나이가 어린 건 맞지만, 모두 변호사 시험을 통과한 어엿한 변호사들이야. 우리 로펌 에 들어왔으니, 함께 일하는 동료고."

맞는 말이다. 나이가 어리다는 이유만으로 무시하고 막 대해서 되겠는가. 고 변호사도 얼른 자신의 실수를 인정했다.

"그건……. 그래요, 애들이라고 한 건 제가 잘못했고요. 여하튼 저는 못 맡아요. 바꿔 주세요."

고 변호사가 끝까지 고집을 피우자, 한 대표는 뜬금없는 질문을 했다.

"생각해 봤어? 왜 줄줄이 승소만 하던 고 변이 요즘은 계속 지고 있는지?"

고 변은 고 변호사를 줄여서 부르는 말이다. 변호사들끼리는 서로를 이렇게 줄여 부르기도 한다.

"그, 그건……. 생각 중이에요."

고 변호사가 대답을 얼버무리자, 한 대표는 놓치지 않고 말했다.

"그래서 시간을 주는 거야. 수습 변호사들 교육하면서 충분히 생각해 보라고."

한 대표는 자신의 뜻을 바꿀 의지가 전혀 없는 것이다. 하기야 한 대표는 별명이 '한대포'다. 서울 지방 검찰청 부장 검사

출신으로, 사건만 맡으면 대포처럼 끝까지 몰아붙인다고 해서 붙은 별명이다. 물론 이름이 한대호이고, 목소리도 대포 터지는 소리처럼 커서 그런 것도 있지만 말이다.

결국 고 변호사는 한 대표의 뜻을 바꿀 수 없다는 것을 깨달았다. 고 변호사는 마지못해 제안했다.

"알았어요. 하지만 수습 기간이 끝날 때까지는 못 맡아요. 3개월, 딱 3개월만 할게요. 그 이상은 저도 못해요."

한 대표가 흔쾌히 허락했다.

"좋아, 3개월!"

그러자 고 변호사는 벌떡 일어나 인사하더니, 쌩하니 방을 나갔다.

"더 한다고나 하지 마세요."

닫힌 방문을 보며 한 대표가 피식 웃으며 말했다.

로펌 (법무 법인)

로펌은 '법을 다루는 회사'라는 뜻의 영어야. 법무 법인이라고도 하지.

변호사가 3명 이상 모이면 로펌을 설립할 수 있는데, 변호사가 수백 명에 이르는 대형 로펌도 있어.

로펌의 변호사들은 크게 파트너 변호사와 어소시에이트 변호사로 구분돼.

대표 변호사
로펌을 대표하는 변호사. 회사 사장과 비슷하다.

파트너(partner) 변호사
로펌 경영에 참여하는 임원 변호사

어소시에이트(associate) 변호사
대표나 파트너 변호사의 지휘를 받아 일하는 변호사. 줄여서 어쏘 변호사라고도 한다.

3명 이상의 변호사가 모여 만든 법률 회사

의뢰인

 다음 날 아침, 아이들이 회의실에 모이자, 고 변호사가 들어왔다. 아이들이 벌떡 일어나 인사했다.
 "안녕하십니까?"
 고 변호사가 손으로 앉으라는 시늉을 하며 말했다.
 "앉아요, 앉아."
 아이들이 자리에 앉자, 고 변호사가 다이어리를 뒤적거리며 말했다.
 "가만있자……. 오늘 해야 할 일이……."
 보통 아침마다 팀별로 전날 진행된 상황을 체크하고, 그날 해야 할 일을 정리하는 회의를 한다. 그래서 아이들은 고 변호사가 뭔가 해야 할 일에 대해 이야기할 것이라고 생각했다. 그런데 고 변호사가 다이어리를 덮으며 말했다.
 "없네요."

그러더니 벌떡 일어나며 말했다.

"대충 놀다 가세요. 그럼 난 바빠서 이만……."

그냥 휭하니 나가 버리는 것이 아닌가. 순식간에 벌어진, 예상치 못한 상황에 아이들은 당황했다.

"가신 거야?"

권리아가 놀라서 말하자, 양미수도 어이없는 표정으로 말했다.

"우리, 지금 버림받은 거야?"

유정의가 이범에게 물었다.

"선배, 어떻게 된 거예요?"

이범도 황당한 표정으로 고개를 저었다.

"나도 몰라. 원래 이러실 분은 아닌데……."

평소에 본 고 변호사는 너그럽지는 않아도 이렇게 대놓고 사람을 무시하는 성격은 아니라고 생각했기 때문이다. 그나저나 대충 놀다가 가라니, 그렇다고 정말 놀고 있을 수도 없고, 어떻게 해야 한단 말인가.

"어떡해요?"

권리아가 묻자, 이범이 잠시 생각하더니 대답했다.

"최근 맡았던 사건 자료들을 줄 테니까 읽어 보고 있어."

"네."

아이들이 대답했다. 이범은 자료를 가지러 방으로 가면서 앞으로의 일이 걱정되기 시작했다.

'쉽지 않겠네.'

한편, 고 변호사가 출근하자마자 짐을 챙겨 나가는 것을 유심히 보고 있는 사람들이 있었으니, 바로 한 대표와 하소연 사무장이었다.

"어떡해요. 말릴까요?"

하 사무장이 묻자, 한 대표가 커피를 저으며 말했다.

"놔둬요."

"정말요?"

하 사무장이 다시 묻자, 한 대표가 커피를 한 모금 마시며 고개를 끄덕였다. 하 사무장이 의문을 제기했다.

"그런데 어디 가는 걸까요?"

"그러게요. 갈 데나 있는지 모르겠네요."

한 대표의 말에 하 사무장이 안타까운 표정으로 말했다.

"어디 가서 놀다 오기나 했으면 좋겠어요."

한 대표와 하 사무장은 주거니 받거니 죽이 척척 잘 맞는다. 하 사무장은 검찰청 수사관 출신으로, 한 대표가 처음 검사가 됐을 때부터 함께한 사람이다. 한 대표가 검사를 그만두고 법무 법인 지음을 만들면서 사무장으로 합류했다. 한 대표가

한숨을 푹 쉬며 말했다.

"어휴, 도서관이나 가지 않으면 다행이네요."

한 대표와 하 사무장은 쉬지 않고 일만 하는 고 변호사가 걱정인 것이다.

그런데 다음 날도, 그리고 그다음 날도 고 변호사는 아이들에게 놀라고 해 놓고는 그냥 나가 버렸다. 그러다 보니, 고 변호사가 아이들을 보이콧(어떤 일을 받아들이지 않고 물리치는 것)하고 있다는 소문이 로펌 전체에 퍼졌다. 아이들은 다른 변호사나 직원들 보기에도 민망하고 난처한 입장이 되었다.

"계속 이렇게 있어야 하는 거예요?"

유정의가 답답한 표정으로 이의를 제기하자, 권리아도 맞장구쳤다.

"맞아요, 수습 변호사를 채용했으면 제대로 잘 가르쳐 줘야 하는 의무가 있는 거 아니에요? 우리도 일을 잘 배울 권리가 있다고요."

"오, 또또권리!"

양미수가 권리아에게 놀리는 손짓을 하며 말했다. '또또권리'는 권리아의 별명이다. 이름이 권리아이기 때문이기도 하지만, 시도 때도 없이 '그건 우리 권리야. 그건 네 권리지.'라는 말을 하기 때문이다.

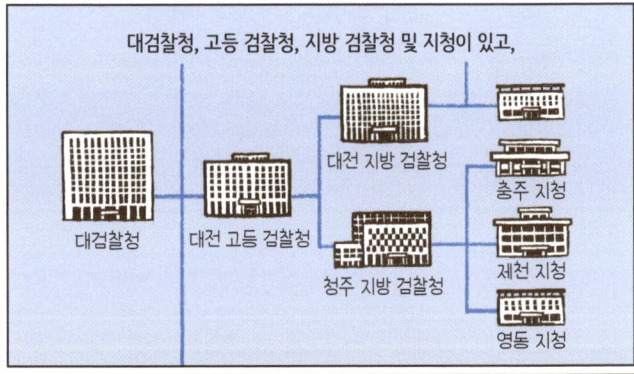

범죄를 수사하고 재판을 청구하는 법 집행 기관

권리

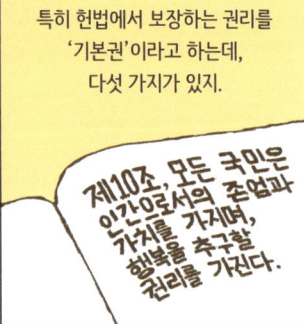

평등권

평등권은 사회적 신분이나 성별, 종교에 상관없이 법 앞에서 차별받지 않을 권리야.

자유권

자유권은 일정한 범위 안에서 자유롭게 행동할 수 있는 권리지.

어떤 일을 행하거나 타인에 대해 당연히 요구할 수 있는 힘이나 자격

"장난치지 말고."

권리아가 표정을 굳히며 말하자, 양미수는 얼른 손을 내리며 말했다.

"미안."

권리아와 양미수는 절친이다. 하지만 성격은 완전히 반대다. 권리아는 세상은 나쁜 사람 천지라고 생각하며 나쁜 사람을 잡고, 좋은 사람을 돕겠다는 의지로 변호사가 됐다. 그래서 늘 열정을 불태우며 불의를 보면 참지 못하고, 불쌍한 사람은 또 그냥 지나치지 못한다. 때문에 양미수로부터 열정 과다, 감정 과잉이라는 지적을 받는다.

반대로 양미수는 엉뚱한 성격에, 공부에는 관심이 없고, 늘 뭘 하고 있는지 알 수가 없어서 '미수테리(양미수 미스테리)'라는 별명이 붙었다. 그래서 양미수가 수재만 붙는다고 소문난 '어린이 변호사 양성 프로젝트'에 합격한 것, 맨날 놀고만 있던 양미수가 로스쿨을 무사히 졸업한 것, 그리고 꼴찌이기는 했지만 변호사 시험에 합격한 것을 '3대 미수테리'라고 부른다. 그렇게 성격이 다른데도 권리아와 양미수는 늘 붙어 다니니, 신기할 따름이다.

권리아의 지적에 이범은 굳은 표정으로 대답했다.

"알았어. 내일은 말씀드릴게."

이범도 계속 이렇게 있을 수만은 없다고 생각하고 있었기 때문이다.

　그런데 다음 날 아침이었다.

"오늘도 별일 없죠? 그럼 난 이만……."

　고 변호사가 또 얼굴만 보이고 나가려는데, 이범이 나섰다.

"변호사님, 이건 아닌 것 같습니다."

　비장한 이범의 말투에 고 변호사가 멈칫하며 물었다.

"뭐가요?"

"맨날 이렇게 대충하고 나가시는 건……."

　이범이 작정하고 이의를 제기하려는 바로 그때, 똑똑 노크 소리가 들렸다. 모두의 시선이 문 쪽으로 쏠리자, 고 변호사가 이범의 말을 막으며 말했다.

"잠깐! 누가 왔네요."

　그러더니 대답했다.

"네."

　문이 열리고, 들어온 사람은 하 사무장이었다. 모두 무슨 일인가 해서 쳐다보자, 하 사무장이 말했다.

"의뢰인님이 오셨어요."

　의뢰인이라는 말에 모두 눈이 동그래졌다. 사건을 맡으라는 말을 듣지 못했기 때문이다.

"의뢰인이요? 사건 배당을 못 받았는데요."

고 변호사가 묻자, 하 사무장이 대답했다.

"방금 들어온 사건인데요. 대표님이 고 변호사님 팀에서 맡으라고 하셔서요."

대표가 사건을 맡으라고 했다니, 싫다고 할 수는 없는 상황이었다. 고 변호사가 이마를 찡그리며 물었다.

"무슨 사건인데요?"

"명예 훼손 고소 건이요."

하 사무장의 대답에 고 변호사는 더욱 마음에 안 드는 표정으로 말했다.

"명예 훼손이요? 갑자기 무슨 명예 훼손……."

고 변호사는 그동안 주로 기업 관련 사건을 맡아 왔기 때문이다. 그러자 하 사무장이 덧붙였다.

"명예 훼손으로 고소당한 사건이에요."

명예 훼손이란 '타인을 비방할 목적으로 공공연하게 사실이나 거짓의 사실을 드러내어 타인의 명예를 훼손하는 것'을 말한다.

"고소하는 것도 아니고, 당한 사건이라고요? 아……."

고 변호사는 머리가 아픈 듯 손가락으로 이마를 누르며 말했다. 하 사무장이 재촉했다.

"지금 기다리고 계시거든요. 들어오시라고 할까요?"

의뢰인이 기다리고 있다는데 안 한다, 그냥 보내라고 할 수는 없다. 고 변호사가 할 수 없이 말했다.

"알았어요. 일단 들어오시라고 하세요."

일단 내용만 듣고, 다른 팀에 넘길 심산이었다. 고 변호사의 대답에 하 사무장은 이범을 보고 씩 웃었다. 순간, 이범은 한 대표의 의중을 파악했다. 고 변호사가 계속 밖으로 돌고 있고, 그로 인해 아이들 사이에 불만이 터져 나오고 있는 것을 알고 일부러 사건을 맡긴 것이다.

'꼭 맡아야겠네.'

이범은 고 변호사가 반대해도 사건을 맡기로 마음먹었다.

"들어오세요."

하 사무장이 문을 열고 의뢰인을 모시고 들어오는데, 할머니와 초등학생으로 보이는 아이였다.

"안녕하세요? 안녕하세요?"

할머니가 허리를 숙여 인사하자, 고 변호사와 아이들은 자리에서 벌떡 일어났다. 고 변호사가 얼른 자리를 안내했다.

"아, 네. 이쪽으로 앉으세요."

할머니와 아이가 앉자, 고 변호사가 물었다.

"명예 훼손으로 고소를 당하셨다고 들었는데요. 어떤 일로 고소를 당하신 건가요?"

할머니가 함께 온 아이를 가리키며 대답했다.

"애가 제 손녀인데요. 손녀가 고소를 당했어요."

"할머님이 아니라, 손녀분이 고소를 당했다는 말씀이세요?"

"네."

할머니의 대답에 고 변호사는 당황한 표정이 역력했다. 아이의 이름은 김하나, 열세 살, 초등학교 6학년이었다. 이범이 부탁했다.

"누구한테, 왜 명예 훼손 혐의로 고소를 당했는지, 자세하게 말씀해 주세요."

할머니가 한숨을 푹 쉬더니 말했다.

"고소한 사람은 이샛별이라고, 얘 친군데요."

그러자 김하나가 얼굴을 찌푸리며 끼어들었다.

"친구 아니야."

할머니가 얼른 말을 고쳤다.

"아, 친구는 아니고요. 예전에 같은 반이었던 애인데, 유명하다더라고요. 배우인가 뭔가 해서."

유정의가 눈이 동그래져 물었다.

"혹시 아역 배우 이샛별인가요?"

"맞아요."

김하나가 대답했다. 사연인즉슨, 김하나가 유명 아역 배우 이샛별을 비방하는 글을 온라인 커뮤니티에 썼는데, 그걸 보고 이샛별이 김하나를 명예 훼손으로 경찰에 고소를 했다는 것이었다. 이렇게 인터넷 등 사이버 공간에서 일어난 명예 훼손의 행위는 '사이버 명예 훼손죄'라 하고, 「정보 통신망 이용 촉진 및 정보 보호 등에 관한 법률」 제70조에 의해 처벌받게 된다. 권리아가 물었다.

"뭐라고 썼는데요? 혹시 쓴 글을 보여 주실 수 있으세요?"

그러자 할머니가 가방에서 김하나가 쓴 글을 인쇄한 종이를 꺼내 내밀었다.

"네, 이거예요."

고 변호사와 아이들은 김하나가 온라인 커뮤니티에 썼다는 글을 돌려 가며 읽었다.

김하나가 초등학교 4학년 때 이샛별에게 지속적으로 폭언, 폭행 등의 학교 폭력을 당했는데, 이샛별이 텔레비전에 나와 착한 척하는 것을 보기 힘들었고, 그래서 이샛별의 진짜 모습을 알리기 위해 글을 썼다는 내용이었다.

명예 훼손죄

명예 훼손이란 다른 사람을 비방할 목적으로 공공연하게 사실이나 거짓의 사실을 드러내 다른 사람의 명예를 훼손하는 것을 말해.

명예 훼손죄는 「형법」에 의해 처벌받는데, 온라인상에서 벌어지는 사이버 명예 훼손죄는 전파될 가능성과 파급력이 커서 더 큰 벌을 받을 수 있어.

일반 명예 훼손죄 「형법」(제307조)	사이버 명예 훼손죄 「정보 통신망 이용 촉진 및 정보 보호 등에 관한 법률」(제70조)
2~5년 이하의 징역 또는 500만~1천만 원 이하의 벌금	3~7년 이하의 징역 또는 3천만~5천만 원 이하의 벌금

하지만 다른 사람을 비방했다고 해서 다 명예 훼손죄로 처벌받지는 않아.

민지 좀 얄미워.

맞아, 자기가 하고 싶은 것만 해.

친구의 흉을 보는 건 잘못했지만, 처벌받지는 않아.

공공연하게 다른 사람을 비방해 명예를 훼손한 죄

그렇다면 이샛별은 학폭 가해자, 김하나는 피해자라는 얘기인데……. 이샛별이 김하나를 명예 훼손으로 고소했다면, 그 내용이 사실이 아니라는 말인가.

이범이 글을 다 읽고 나더니 물었다.

"그럼 이샛별에게 학교 폭력을 당한 사실이 없는 건가요?"

"아니에요. 걔가 저 세 번이나 때렸어요. 그리고 제가 혼자 넘어진 거라고 우긴 거라고요."

김하나가 항변하자, 권리아가 김하나의 말을 정리했다.

"그러니까 이샛별에게 학폭을 당한 건 사실인데, 그걸 온라인 커뮤니티에 썼더니 명예 훼손으로 고소했다, 이거죠?"

"맞아요. 자기는 때린 적이 없다, 우리 하나가 거짓말을 한 거라고 고소한 거예요."

할머니가 답답하다는 듯 말하자, 고 변호사가 정리했다.

"양쪽의 입장이 다른 거네요."

"그렇죠. 그런데 정말 우리 하나가 맞았거든요. 맞은 사람이 맞았다고 하는데, 그게 왜 거짓말이냐고요."

할머니가 울분을 토하자, 이범이 안타까운 표정을 지으며 말했다.

"억울한 마음이 많이 드셨겠어요. 그럼 경찰 조사도 받으신 거예요?"

명예 훼손으로 경찰이나 검찰에 고소를 하면, 경찰이나 검찰은 고소를 당한 사람에게 고소장이 접수됐다고 알리고, 조사를 받으러 오라고 한다. 그러면 가서 조사를 받아야 한다.

할머니가 속상한 표정으로 말했다.

"네, 경찰서에 오라고 하니까 갔는데, 아무것도 모르고 그냥 가서 조사를 받은 거예요. 그랬더니 혐의가 인정된다고 소년 보호 재판으로 넘긴다는 거예요."

경찰이나 검찰 조사 과정에서 혐의가 드러나면 재판에 넘겨지고, 혐의가 없으면 '혐의 없음'으로 처리된다. 그러니까 재판에 넘겨졌다는 얘기는 김하나가 이샛별의 명예를 훼손한 것이 인정된다는 뜻이다.

고 변호사가 물었다.

"소년 보호 재판으로 넘어갔다면 혐의가 인정됐다, 그러니까 손녀분이 온라인 커뮤니티에 쓴 글이 거짓이라는 게 입증됐다는 건데……. 그걸 입증할 만한 다른 증거라도 있었나요?"

할머니가 한숨을 쉬더니 대답했다.

"하나가 샛별이한테 세 번째 폭행을 당하고 나서, 담임 선생님께 말씀을 드렸거든요. 그래서 학교 폭력 위원회가 열렸었는데, 거기서 폭행은 안 했고, 폭언한 것만 인정한 거예요. 그걸 증거로 내밀더라고요."

할머니의 대답에 권리아가 물었다.

"그 학폭위 처분 결정서는 갖고 계세요?"

"아니요, 검사님이 보여 주셔서 잠깐 보기만 했어요."

할머니의 대답에 양미수가 의아한 표정으로 물었다.

"하나가 이샛별에게 맞은 게 사실이라면, 왜 그런 결정이 난 거죠?"

할머니가 억울한 표정으로 말했다.

"그러니까요. 그때도 기가 막히고 억울했는데, 뭘 어떻게 해야 하는지 몰라서 그냥 참고 넘어갔거든요. 그런데 이렇게 죄인이 돼서 재판까지 받게 되니까 억울해서 참을 수가 없어요. 도대체 무슨 법이 그래요?"

할머니의 말에 권리아는 자신이 당한 일인 양 안타까운 표정으로 말했다.

"속이 많이 상하셨겠어요."

할머니가 고개를 끄덕이자, 유정의가 물었다.

"재판 날짜는 정해졌나요?"

"네, 5일 후면 재판이 열린대요."

"5일 후요?"

유정의가 화들짝 놀라며 되물었다. 5일 후에 재판이 열린다면, 당장 사건을 맡는다고 해도 시간이 너무 없기 때문이다.

그러자 고 변호사는 자세를 고쳐 앉으며 말했다.

"할머님, 하나가 촉법소년이라 소년 보호 재판에 넘겨진 건데요. 제 생각에는 그리 무거운 처벌이 내려질 것 같지는 않아요. 그러니까 그냥 재판을 받으시는 게 어떨까 싶은데요."

촉법소년이란, 형사 처벌을 받을 수 있는 범죄를 저지른 만 10세 이상~14세 미만의 청소년을 말한다. 촉법소년은 범죄를 저질러도 형사 책임 능력이 없다고 판단해 소년 보호 재판에 넘겨지고, 형사 처벌 대신 감호 위탁, 사회 봉사, 소년원 송치 등의 보호 처분을 받는다.

김하나의 경우에는 여러 가지 상황으로 미루어 보아 그중에서도 낮은 처분을 받을 것으로 고 변호사는 예상하고 있는 것이다.

그러나 할머니는 손사래를 치며 강하게 거부했다.

"그건 안 돼요. 아무리 낮은 처벌이라도 처벌을 받으면 하나가 죄를 지은 게 되잖아요."

그러더니 갑자기 눈물을 흘리며 말했다.

"제가 이번 사건이 터지고 나서 얼마나 가슴을 쳤는지 몰라요. 내가 똑똑했으면 그때 그냥 넘어가지 않았을 텐데……. 그럼 우리 하나가 계속 억울한 마음을 품고 있지도 않았을 거고, 그런 글도 안 썼을 텐데 하면서요. 흑흑."

우리나라 최초의 법은?

고조선 시대에 만들어진 8조법

촉법소년은 범죄를 저질러 형사 처벌을 받아야 하는, 만 10세 이상~ 14세 미만 청소년을 말해.

그런데 나이가 어린 청소년은 범죄를 저질러도 어른과 똑같이 처벌하지 않아.

「형법」 제9조(형사 미성년자), 14세가 되지 아니한 자의 행위는 벌하지 아니한다.

그래서 촉법소년은 형사 재판이 아닌, 가정 법원이나 지방 법원의 소년부로 송치되어 소년 보호 재판을 받고,

「형법」에 따른 형사 처벌 대신 「소년법」에 따른 보호 처분을 받아.

범죄를 저지른 만 10세 이상~14세 미만의 청소년

할머니가 울자, 김하나도 울음을 터뜨렸다.

"할머니, 울지 마. 흑흑."

그러자 할머니가 김하나의 눈물을 닦아 주며 말했다.

"알았어, 할머니 이제 안 울게."

그리고 자신의 눈물을 닦으며 말을 이었다.

"이번에도 조사를 받으러 오라고 하기에 죄가 없으니까 그냥 가서 말하면 되는 줄 알았어요. 그런데 혐의가 인정돼서 재판에 넘겨졌다고 했더니, 사람들이 빨리 변호사 선임하라고 하더라고요. 처음부터 변호사님이랑 같이 갔으면 재판까지 가지 않았을 거라고. 그러니 이게 다 이 할미가 못나서 이렇게 된 거예요. 그러니까 변호사님들, 제발 우리 하나 좀 살려 주세요."

할머니의 간절한 부탁에 아이들은 모두 숙연해졌다. 고 변호사도 위로의 말을 건넸다.

"네, 할머님 마음은 충분히 이해합니다. 그런데……."

바로 그때였다. 훌쩍거리는 소리가 들려 보니, 권리아가 울고 있는 것이 아닌가. 의뢰인의 사연에 감정 이입이 되어 눈물을 흘리는 것이다. 양미수가 얼른 휴지를 건네며 속삭였다.

"네가 왜 울어?"

양미수의 지적에 권리아는 얼른 눈물을 닦으며 사과했다.

"죄송합니다."

의뢰인이 운다고 같이 우는 변호사라니.

'아이고, 머리야.'

고 변호사는 머리가 지끈지끈 아팠다. 고 변호사는 빨리 상황을 정리하고 싶어 말했다.

"그럼 저희가 의논을 좀 해 보고 사건을 맡을지 말지 말씀드리겠습니다."

그러자 할머니가 갑자기 통장을 꺼내 보이며 말했다.

"이거 하나가 대학 갈 때 쓰려고 열심히 모은 돈이에요. 이 돈 다 드려도 되니까 꼭 좀 맡아 주세요, 변호사님."

고 변호사가 화들짝 놀라며 손을 내저었다.

"아유, 아니에요. 돈 때문에 그러는 게 아니라……. 일단 오늘은 돌아가시고요. 의논하고 연락드리겠습니다."

"알겠습니다. 그럼 잘 부탁드려요."

할머니는 한 번 더 간절히 부탁하고 김하나와 함께 방을 나갔다. 고 변호사는 잠시 생각하더니 아이들에게 물었다.

"어떻게 생각해?"

유정의가 먼저 의견을 냈다.

"힘들 것 같은데요. 학폭위 결정문까지 있으니, 김하나의 주장이 사실이라고 해도 뒤집힐 가능성은 없을 것 같습니다."

양미수도 동의했다.

"맞아요, 2년이나 지난 일이니 이제 와서 이샛별이 폭행을 했다는 증거를 찾기도 쉽지 않을 거예요."

하지만 권리아는 반대했다.

"그래도 김하나의 주장이 사실이라면 너무 억울한 일이잖아요. 한번 다퉈 보기라도 해야 하지 않을까요?"

그러자 유정의가 노트북 화면을 보여 주며 말했다.

"기사 찾아보니까, 이샛별은 법무 법인 대한을 선임했는데요."

잠깐 사이 인터넷 검색을 해서 이샛별이 자신에게 악플이나 비방 글을 올린 사람들을 명예 훼손으로 고소한다고 알린 기사를 찾아낸 것이다.

"오, 역시 유정의!"

양미수가 유정의의 빠른 검색 능력을 칭찬했다. 유정의는 다섯 살 때 시작한 유튜브로 스타가 된 키즈 유튜버 출신이다. 그래서 별명도 '유스타'인데, 지금은 그만두고 인플루언서로 명성을 떨치고 있다. 그래서 컴퓨터로 하는 모든 작업은 거의 달인 수준인 것이다.

"대한이라면, 더 쉽지 않을 거예요."

유정의가 자신의 의견을 덧붙이자, 고 변호사는 만족한 표정으로 말했다.

"좋아요. 여러분의 의견이 그렇다면, 이 사건은 맡지 않는 것으로 하겠습니다."

고 변호사는 자신의 의견은 한마디도 하지 않고, 결국 아이들이 안 하겠다고 한 것으로 상황을 만들어 버렸다. 이렇게 결론을 내리려고 아이들의 의견을 물어본 것 같았다.

"아니, 그래도 좀 더 생각해 보는 게……."

권리아가 당황해 말하자, 고 변호사가 대답했다.

"더 생각해 볼 게 뭐 있어요. 질 게 뻔한 사건을……."

그런데 그때였다. 이제껏 한마디도 안 하고 있던 이범이 불쑥 반기를 들었다.

"질지 이길지는 해 봐야 아는 거 아닙니까?"

이범의 말에 모두 눈이 동그래졌다. 이범의 별명은 '범생이'다. 범생이는 모범생을 얕잡아 부르는 말로, 이범이 뛰어난 머리에 성실함까지 갖춘 모범생이기 때문에 붙은 별명이다. 이범은 또 워낙 예의 바르고 바른길로만 가려고 하는 원리 원칙주의자다. 그런 이범이 시니어 변호사의 말에 반기를 들다니, 이게 무슨 일인가.

사건을 맡다

"그래서, 이 사건을 맡겠다는 겁니까?"

고 변호사가 인상을 찌푸리며 묻자, 이범이 조심스럽게 의견을 말했다.

"네, 증거를 찾아 사실 적시라는 것만 증명하면 무혐의를 받을 수 있을지도 몰라요."

김하나의 주장대로 이샛별이 김하나를 폭행했다는 증거를 찾으면, 김하나가 쓴 글이 거짓이 아닌 사실이라는 것이 밝혀질 테고, 그럼 김하나가 무혐의를 받을 수도 있다는 주장이다.

유정의는 곧바로 이의를 제기했다.

"허위 사실이 아니라 진짜 사실을 쓴 거라도 명예 훼손죄는 성립되잖아요. 게다가 인터넷에 올렸으니 비방할 목적이 있었다면,「정보 통신망법」위반이라고요."

그러자 이범이 법 조항을 줄줄이 읊었다.

"「형법」 제310조, 위법성의 조각, 타인의 명예를 훼손한 행위가 진실한 사실로서 오로지 공공의 이익에 관한 때에는 처벌하지 아니한다."

위법성의 조각이란 법에서 금지하고 있는 행위를 하였으나, 실질적으로는 위법으로 인정하지 않는 것을 말한다. 그러니까 다른 사람의 명예를 훼손하는 행위를 저질렀지만, 그 내용이 사실이고, 공공의 이익을 위한 것일 때에는 처벌하지 않는다는 뜻이다.

고 변호사가 문제를 제기했다.

"김하나가 이샛별의 학폭을 폭로한 것이 공공의 이익을 위한 것이라고 볼 수 있을까요?"

이범이 자신의 의견을 말했다.

"이샛별은 대중의 사랑을 받는 유명 아역 배우잖아요. 그러니 이샛별이 학교 폭력을 저질렀다는 사실은 국민들의 알 권리에 해당되지 않을까요?"

"이샛별이 학교 폭력을 저질렀다면, 국민들도 알아야 한다……. 그건 이 변호사 생각이지, 그런 판례가 있는 것도 아니고……."

고 변호사가 계속 부정적으로 말하자, 이범이 얼른 나섰다.

"그런 판례는 분명히 있을 겁니다. 찾아보겠습니다."

판례

법원에서 특정한 소송 사건에 대하여 내린 판결

이범이 적극적으로 나서자, 고 변호사는 이범을 물끄러미 쳐다보더니 말했다.

"그래요? 그럼 해 보세요."

고 변호사가 의외로 순순히 승낙했다. 이범이 반기며 물었다.

"정말요?"

그런데 고 변호사가 벌떡 일어나며 말했다.

"네, 그럼 열심히들 해 보세요. 나는 바빠서 이만……."

그러고는 또 쌩하니 나가 버리는 것이 아닌가. 자신은 빠질 테니 아이들끼리 해 보라는 말이었다. 문이 쾅 하고 닫히자, 양미수가 눈이 동그래져 이범에게 물었다.

"어떡해요, 선배?"

유정의도 난감한 표정으로 말했다.

"미운털 단단히 박힌 것 같은데요."

이범은 잠시 생각하더니, 결심한 듯 말했다.

"해야지, 하겠다고 했으니."

권리아가 손을 번쩍 들며 말했다.

"저는 찬성이요. 양미수, 넌?"

권리아가 양미수를 보며 묻자, 양미수도 고개를 끄덕였다.

"그래요, 할 것도 없는데 해 봐요."

그러나 유정의는 반대 의견을 냈다.

"그런데 지금으로서는 김하나의 주장이 사실이라고 믿을 수만은 없는 거 아니에요? 증거가 없으니까요. 오히려 이샛별의 주장이 맞는다면, 그때는 어떻게 할 건데요?"

"말도 안 돼. 김하나가 왜 거짓말을 하겠어? 그리고 아까 할머니 우시는 거 못 봤어?"

권리아의 말에 유정의가 문제점을 지적했다.

"그건 너무 감정에 치우친 판단 아냐? 운다고 다 진실을 말하는 건 아니잖아."

"그럼 할머니랑 김하나가 거짓으로 울었다는 거야?"

권리아가 따지고 들자, 이범이 단호한 목소리로 상황을 정리했다.

"우리는 의뢰인을 변호하는 변호사야. 변호사가 의뢰인을 믿지 못하면 어떻게 변호를 하겠어."

맞는 말이니, 유정의는 입을 다물었다. 양미수가 물었다.

"그래서 너는 빠지겠다는 거야?"

유정의는 한숨을 푹 쉬더니 말했다.

"수습이 선택할 자격이 있냐. 시키면 해야지."

결국 하겠다는 말이다. 권리아가 좋아서 유정의의 어깨를 툭 치며 웃었다.

"결국 할 거면서. 헤헤."

김하나의 변호를 맡기로 결정하자, 이범은 아이들이 각자 해야 할 일을 알려 주었다.

"5일 후에 재판이니까 시간이 없어. 리아는 할머니께 연락해서 오후에 다시 들어오시라고 해. 사건에 대해 좀 더 자세히 들어 봐야 하니까."

소년 보호 재판의 경우는 이미 경찰이나 검찰에서 유죄가 인정돼 재판이 열리는 것이기 때문에 보통 그 자리에서 선고를 한다. 그러니 결과를 뒤집으려면 반드시 재판 전에 이샛별이 김하나를 폭행했다는 증거를 찾아야 한다.

"네."

권리아가 대답하더니 바로 전화를 하러 밖으로 나갔다. 이범이 말을 이었다.

"정의는 사건이 송치된 소년부에 보조인 선임계를 내고, 미수는 이샛별의 학폭위 조치 결정 통보서를 입수해. 나는 판례를 찾아볼 테니까."

"네, 선배."

유정의와 양미수가 동시에 대답했다. 일반 재판에서는 변호사를 변호인이라고 하지만, 소년 재판에서는 보조인이라고 한다. 그리고 재판이 열리기 전에 미리 보조인을 선임했다는 선

임계를 내야 보조인이 재판에 참석할 수 있다.

갑작스럽게 사건을 맡게 되었지만, 아이들은 각자 맡은 일을 열심히 했다. 며칠 동안 아무 일도 안 하고 있었던 것이 오히려 눈치 보이고 힘들었기 때문이다. 그러다 보니, 어느새 점심시간이 훌쩍 지난 것도 모르고 있었다.

노크 소리가 나더니, 하 사무장이 들어와 물었다.

"점심 안 드세요? 벌써 1시가 다 됐어요."

이범이 시계를 보며 대답했다.

"그러네요. 그런데 지금 좀 바빠서요. 이따 먹을게요."

재판이 얼마 남지 않아 마음이 급하기 때문이다. 그런데 그때 권리아가 말했다.

"저는 지금 먹고 싶은데요. 점심시간에는 밥을 먹는 것도 직장인의 권리니까요."

"또 나왔다, 또또권리!"

양미수가 엄지척하며 말하자, 이범은 어쩔 수 없다는 듯 말했다.

"그래, 그럼 먹고 하자."

"야호, 뭘 먹을까?"

권리아가 신이 나서 말하자, 유정의가 의견을 냈다.

"배달시킬까? 나갔다 오면 시간이 많이 걸리잖아."

어떤 사실을 증명할 수 있는 근거

"좋아, 그러자."

아이들이 동의하자, 하 사무장이 미소를 지으며 말했다.

"그럼 맛있게 드세요."

"신경 써 주셔서 감사합니다, 사무장님."

권리아가 인사하자, 하 사무장은 눈을 찡긋하고 나갔다.

"골라 봐. 피자? 햄버거? 치킨?"

유정의가 배달 앱을 살펴보며 메뉴를 묻자, 권리아가 얼른 말했다.

"피자."

"그래, 피자 좋다."

양미수도 찬성하자, 이범도 좋다는 듯 고개를 끄덕였다. 유정의는 곧바로 피자집을 검색하기 시작했다.

"피자 사랑! 오, 여기 별점 높다. 4.5야. 여기 시킬까?"

별점은 서비스나 제품 등에 대해 별의 개수로 점수를 매기는 것으로, 1점부터 5점까지 줄 수 있다. 사람들이 서비스나 제품을 선택할 때 도움을 주기 위한 기능이다.

그런데 양미수가 반대했다.

"거기 별론데. 맛나네 피자는 없어? 체인점이거든."

양미수의 요구에 유정의는 다시 검색하더니 말했다.

"있어. 그런데 별점이……."

유정의가 별점을 확인하자, 이범이 이해할 수 없다는 표정으로 말했다.

"배고프다면서. 그냥 시켜."

"그래도 확인하고 시켜야죠. 맛없으면 어떡해요."

권리아의 말에 유정의가 계속 별점을 살펴보며 말했다.

"별점 1점도 있는데! 그런데 뭐야? 맛있으니까 별 하나? 맛있는데 왜 별이 하나야?"

"장난친 거지. 그런 사람 많아."

양미수의 말에 유정의가 계속 별점을 확인하며 말했다.

"엥? 이 사람, 좀 이상한데. 같은 사람이 세 번이나 1점을 줬어. 다른 사람들은 거의 다 4점 이상인데."

그래서 평점이 낮아진 모양이다. 양미수가 말했다.

"세 번이나 그랬으면, 별점 테러네. 완전 고의적인데."

별점 테러는 고의로 평점을 낮게 주어 가게나 제품의 평판을 떨어뜨리는 행위를 말한다.

권리아가 갑자기 버럭 소리를 높였다.

"명예 훼손이나 업무 방해로 고발해야 하는 거 아냐?"

업무 방해는 허위 사실을 유포하거나 기타 위력(상대를 압도할 힘)으로 타인의 업무를 방해하는 것을 말한다. 권리아가 계속 말을 이었다.

별점 테러

별점은 서비스나 제품에 대해 별의 개수로 점수를 매기는 것을 말해.

1점부터 5점까지 줄 수 있어.

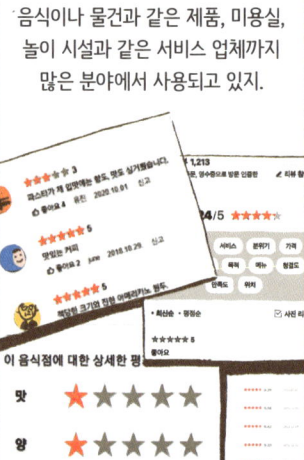

웹툰, 영화와 같은 문화 상품, 음식이나 물건과 같은 제품, 미용실, 놀이 시설과 같은 서비스 업체까지 많은 분야에서 사용되고 있지.

별점을 보면 서비스나 제품에 대한 사람들의 반응을 알 수 있기 때문에 유용해.

별점이 낮네.

하지만 고의로 별점을 낮게 주어 가게나 제품의 평판을 떨어뜨리려는 경우가 있는데, 이를 '별점 테러'라고 하지.

한번 당해 봐라. 으흐.

고의로 별점을 낮게 주어 가게나 제품의 평판을 떨어뜨리는 행위

"이 집 맛없다고 공공연하게 비방했으니까, 명예 훼손. 그리고 지금 우리도 별점 보고 맛없겠다 싶어 안 시키려고 했으니까, 엄연한 업무 방해."

그러나 이범은 부정적인 의견을 말했다.

"명예 훼손죄로 처벌하려면 그 행위가 의도적이고 지속적이었다는 것, 또 공익을 위한 것이 아니었음을 증명해야 되는데, 별다른 설명 없이 별점만 남긴 경우는 그걸 증명하기 쉽지 않아."

유정의가 의견을 보탰다.

"맞아. 내가 먹어 보니 맛없었다, 그래서 다른 사람도 참고하라고 1점을 준 거다, 그러면 애매해지는 거거든. 업무 방해도 별점 테러로 인해 손해를 봤다는 걸 증명해야 하는데, 그것도 쉽지 않고."

이범이 덧붙여 설명했다.

"반면에 악성 댓글을 남긴 경우는 비방한 증거가 분명하게 남아 있으니까 처벌될 가능성이 커지겠지."

권리아는 억울한 표정으로 말했다.

"그럼 열심히 장사하는 사장님들은 아무것도 못 하고 이렇게 당하고만 있어야 하는 거예요?"

양미수도 동의했다.

"맞아요. 요즘 악성 댓글이나 별점 테러 때문에 힘들어하는 사장님들이 많다고 하더라고요. 이건 빨리 관련 법규가 정비되어야 하는 문제라고 생각해요."

양미수의 주장에 이범이 고개를 끄덕이며 말했다.

"그렇긴 하지. 하지만 법으로 모든 걸 다 재판하고 조정할 수는 없잖아. 그러니까 도덕성이 필요한 거지. 별점 하나도 양심껏 제대로 매기는 도덕성."

아이들은 고개를 끄덕이며 동의했다. 그나저나 학교 다닐 때도 만나기만 하면 열띤 토론을 벌이더니, 참 여전한 아이들이다.

이범이 문득 생각나 말했다.

"너희 배고프다며. 언제까지 고르고만 있을 건데."

양미수가 의견을 냈다.

"여기서 시켜요. 그리고 진짜 맛있는지, 맛없는지 확인해 봐요. 맛있으면 별점 높게 주고요."

"그래, 그러자."

권리아가 찬성하자, 유정의가 주문하며 말했다.

"그럼 맛나네 피자로 결정!"

아이들은 피자 두 판을 시켜서 맛있게 먹었다. 그리고 별점 5점을 주며 댓글을 남겼다.

인간으로서 지켜야 할 마음가짐이나 행동

이 집 피자 진짜 맛있어요. 사장님, 힘내세요. 파이팅!

오후 3시, 김하나가 다시 사무실을 찾았다. 권리아가 자리를 내어 주며 친근하게 물었다.

"할머니는 같이 안 오셨어요?"

"네, 일하러 가셔서요."

김하나가 대답하자, 이범이 김하나에게 설명했다.

"재판에서 무죄를 받으려면, 온라인 게시 글이 사실이라는 것을 증명해야 해요. 그러니까 2년 전 상황에 대해 자세히 말해 줄래요?"

김하나가 고개를 끄덕이더니, 털어놓기 시작했다.

"샛별이는 아역 배우라 학교에서 유명했어요. 스타인데도 티도 안 내고 착하다고 인기도 많았어요. 저한테도 처음에는 잘해 주었고요. 그런데 제가 할머니와 둘이 반지하에서 산다는 것을 알고부터는 달라졌어요."

처음에는 '반지하'라고 놀리기 시작하더니, 김하나가 지나가면 '이게 무슨 냄새지?' 하며 싫은 티를 팍팍 냈다는 것이다.

"다른 아이들이 있을 때는 친한 척하다가 아이들이 없으면 계속 시비 걸고 그랬어요. 욕도 하고요. 그래도 그것까지는 참고 넘겼는데……."

급기야 가만히 서 있는데 밀치는 바람에 책상에 머리를 부딪친 적도 있고, 넘어져 무릎이 까진 적도 있다는 것이다.

"그런데 그날은 갑자기 제 뺨을 때리고 발로 차는 거예요. 그래서 더 이상 참으면 안 되겠다고 생각했어요."

김하나는 담임 선생님께 사실을 말씀드렸고, 학교 폭력 대책 심의 위원회가 열렸다는 것이다. 양미수가 입수한 학폭위 조치 결정 통보서를 보며 말했다.

"그런데 이샛별이 폭행한 것은 인정이 안 되고 폭언한 것만 인정돼서 1호 서면 사과와 2호 접촉, 협박·보복 행위 금지 처분만 받았네요."

학교 폭력 대책 심의 위원회가 열리면, 가해 학생이 피해 학생에게 얼마나 심각한 폭력을 가했는지, 얼마나 지속적이었는지, 고의적이었는지, 가해 학생이 반성하고 있는지, 또 피해 학생과 화해했는지 등을 조사한다. 그리고 그 결과를 종합해서 「학교 폭력 예방 및 대책에 관한 법률」에 따른 처분을 내린다. 처분은 피해 학생에게 서면으로 사과하는 1호부터 가해 학생을 퇴학 처분하는 9호까지 있다. 그중 이샛별은 1호와 2호 처분을 받은 것이다.

학교 폭력 대책 심의 위원회

학교 폭력은 학교 안팎에서 학생을 대상으로 신체적, 정신적, 또는 재산상의 피해를 주는 행위를 말해.

사이버 폭력 스토킹 언어 폭력 집단 따돌림 신체 폭력 강요 금품 갈취 성폭력

학교 폭력이 일어나면, 약칭 「학교 폭력 예방법」에 따라 학교 폭력 대책 심의 위원회가 열리게 돼.

「학교 폭력 예방 및 대책에 관한 법률」

심의 위원회에서는 피해 학생과 가해 학생, 목격자 등의 진술을 들어 학교 폭력이 실제 일어났는지, 어느 정도의 폭력이었는지 조사해.

돈을 빼앗고 때렸어요.

학교 폭력을 심의하고, 가해 학생에게 징계 처분을 내린다.

이범이 결정 통보서를 자세히 보더니 물었다.

"증인이 한 명 있었네요?"

"네, 최민지요. 걔가 샛별이 편을 드는 바람에 그렇게 된 거예요. 민지도 샛별이가 저 때리는 거 다 봤거든요. 그런데 못 봤다고 딱 잡아뗐어요."

김하나가 대답하자, 이범이 다시 물었다.

"그럼 최민지 말고, 다른 사람은 없었어요?"

"네, 학교 끝나고 셋만 있을 때 벌어진 일이라……."

그러더니 이내 생각난 듯 말했다.

"박소연이라고 저랑 친한 친구가 있는데, 소연이한테는 샛별이 때문에 다쳤다고 말한 적은 있어요."

이범이 말했다.

"알겠습니다. 우리가 최민지랑 박소연을 만나 볼게요. 연락처 있으면 알려 주세요."

김하나는 휴대 전화에서 최민지와 박소연의 전화번호를 찾아 적어 놓고 돌아갔다. 이범이 아이들에게 말했다.

"박소연이랑 최민지부터 만나 보자."

그러자 권리아가 의견을 냈다.

"담임 선생님도 만나 뵙는 게 좋지 않을까요? 아이들은 모르는 상황을 알고 계실 수도 있잖아요."

"그러자. 모두 내일로 약속 잡고, 정의는 최민지를 증인으로 신청해."

재판할 때 증인을 세우려면 재판 전에 증인 신청을 해야 하기 때문이다.

"네, 선배!"

권리아와 양미수가 대답하는데, 유정의가 문제를 제기했다.

"최민지가 증인을 안 선다고 하면요?"

"서게 해야지."

이범이 단호한 말투로 대답했다. 어떻게든 최민지를 증인으로 세워야 재판에서 무혐의를 받을 수 있다고 생각하기 때문이다. 유정의는 이범이 시킨 대로 곧바로 재판부에 증인 신청을 했다. 권리아는 담임 선생님과 최민지에게, 또 양미수는 박소연에게 전화해 만날 약속을 잡았다.

그사이 이범은 위법성 조각 사유로 인해 무죄 판결이 난 판례를 찾고 있었다. 그런데 이범이 갑자기 환호성을 질렀다.

"찾았다!"

"찾았어요?"

아이들이 동시에 묻자, 이범이 대답했다.

"응, 대법원 판례는 아니고 하급심 판결이야."

하급심은 1심이나 2심 재판을 말한다.

"유명 연예인이 학교 다닐 때 학교 폭력을 저질렀고, 피해자가 그 사실을 인터넷 게시판에 올렸다가 명예 훼손으로 고소당한 사건이야."

"오, 거의 똑같은 사건인데요!"

권리아가 반기자, 이범이 설명을 이었다.

"다른 점은 피의자 외에도 학폭 피해자가 여러 명이 있었다는 거야. 그래서 피해자들이 고소인이 학교 폭력을 저질렀고, 피의자가 쓴 글의 내용이 사실이라는 것을 증언한 거지."

그러자 유정의가 눈을 반짝이며 물었다.

"그래서요? 재판부가 어떻게 판단했는데요?"

이범이 대답했다.

"재판부는 대중에게 잘 알려진 연예인의 경우, 피의자가 글을 작성한 행위를 공공의 이익을 위해서 진실한 사실을 말한 것이었다고 판단했어. 그래서 무죄 판결이 난 거지."

'공공의 이익을 위해서 진실한 사실을 말했을 때는 타인의 명예를 훼손해도 처벌받지 않는다.'는 「형법」제310조, 위법성의 조각 사유에 해당한다고 본 것이다.

양미수가 눈을 반짝이며 말했다.

"우리도 이샛별이 김하나를 폭행했다는 증거만 찾으면 무혐의 처분이 날 수도 있겠는데요."

그러자 권리아가 신이 나서 말했다.

"제일 좋은 방법은 선배 말대로 최민지를 설득해서 증언해 달라고 하는 거겠네요."

하지만 유정의는 또 부정적인 반응을 보였다.

"예전에는 못 봤다고 딱 잡아뗐다며. 그런데 이제 와서 증언해 줄까?"

권리아가 불만을 터뜨렸다.

"아이참, 너는 왜 자꾸 부정적으로 말해."

아까도 김하나의 주장이 거짓이면 어떻게 하냐, 운다고 다 진실을 말하는 건 아니라는 등 계속 딴지를 걸었기 때문이다. 권리아의 말에 유정의도 반론을 폈다.

"넌 너무 긍정적인 거 아냐? 사람들은 너같이 남의 일에 끼어들기 좋아하지 않아."

그러자 권리아가 발끈해서 따지고 들었다.

"내가 뭐 남의 일에 끼어들기 좋아하냐? 그리고 이게 왜 남의 일이야? 최민지가 거짓 증언을 하는 바람에 김하나가 이샛별한테 제대로 된 사과도 받지 못했고, 그것 때문에 김하나가 비방 글도 쓴 것이고, 심지어 명예 훼손으로 고소까지 당했는데, 최민지도 책임지고 이제라도 진실을 밝혀야지. 양심이 있으면 말이야."

학교 다닐 때부터 권리아와 유정의는 의견이 다를 때가 많았다. 같은 상황에도 권리아는 긍정적, 유정의는 부정적으로 보는 경향이 있기 때문이다. 또 권리아는 벌어지지 않은 일은 미리 걱정하지 말자는 주의고, 유정의는 세상일은 내 뜻대로 안 되는 경우가 더 많으니 김칫국부터 마시지 말자는 주의인 것이다.

권리아와 유정의가 팽팽하게 맞서자, 양미수가 중재하고 나섰다.

"우리끼리 싸울 일은 아니잖아. 자, 자, 둘 다 마음 가라앉히시고……."

그러자 이범이 상황을 정리했다.

"일단 최민지를 만나서 최대한 설득해 보자. 현재로서는 그 방법밖에 없으니까."

"네."

아이들이 대답했다. 과연 최민지를 설득해 증인으로 세울 수 있을까? 그렇게만 된다면, 김하나의 무죄를 증명할 수 있을 텐데 말이다.

그런데 바로 그때, 열린 회의실 문 사이로 아이들의 다툼, 아니, 열띤 토론을 보고 있는 사람들이 있었으니, 바로 한 대표와 하 사무장이었다. 하 사무장이 미소를 띠며 말했다.

"제법인데요!"

"나쁘지 않네요."

한 대표도 동의하자, 하 사무장이 물었다.

"어떨 것 같으세요?"

한 대표가 고개를 갸웃하며 대답했다.

"글쎄요. 아직 어린아이라서……."

하 사무장이 다시 물었다.

"누가요? 변호사님들이요?"

"아니요, 증인이요."

최민지가 아직 초등학교 6학년밖에 안 된 아이라 재판에 증인으로 서는 것에 부담을 느낄 수 있다는 말이다. 한 대표의 말에 하 사무장이 고개를 끄덕였다.

"그럴 수 있겠네요."

다음 날, 이범은 담임 선생님을 만났다. 선생님은 김하나가 이샛별에게 명예 훼손으로 고소를 당했다는 소식을 듣자, 크게 걱정하며 안타까워했다.

"어떻게 그런 일이……. 하나랑 할머니가 마음이 많이 아프겠어요."

선생님은 지난해 다른 학교로 전근 가서 소식을 듣지 못했던 것이다. 이범이 물었다.

"김하나가 이샛별에게 폭언뿐만 아니라, 폭행도 당했다고 하던데요. 사실인가요?"

선생님이 속상한 표정으로 말했다.

"하나가 그렇다고 하니까 전 그런 줄 알았죠. 그래서 학폭위도 열리게 된 거고요. 그런데 샛별이도 그렇고, 목격한 민지도 아니라고 하니까……."

선생님도 직접 본 것이 아니었기 때문에 김하나의 편만 들어줄 수는 없었다는 것이다. 이범이 다시 물었다.

"선생님도 김하나가 거짓말한 거라고 생각하세요?"

선생님은 손사래를 치며 말했다.

"아니요, 하나가 거짓말할 아이는 아니에요. 그런데 증거가 없으니까 어쩔 도리가 없었던 거죠."

선생님은 잠시 머뭇거리더니 말을 이었다.

"그리고 샛별이 어머님이 저한테도 그렇고 교장, 교감 선생님께도 화를 많이 내셨어요. 배우가 이미지가 얼마나 중요한데, 증거도 없이 학교 폭력 가해자로 몰면 어떻게 할 거냐고, 아이 이미지가 나빠져서 광고며 소속사 계약이며 다 파기되면 책임질 거냐고요."

　　이범은 선생님이 말씀하시는 의도를 알아들었다. 학폭위의 처분 결정에 이샛별 어머니의 입김이 어느 정도 작용했다는 것을 넌지시 알려 준 것이다.

"그랬군요. 그럼 최민지는 이샛별과 친한 사이였나요?"

이범의 질문에 선생님은 고개를 끄덕였다.

"네, 샛별이랑 자주 어울려 다녔어요."

　　한편, 양미수는 김하나의 친한 친구인 박소연을 만났다.

"이샛별이 거짓말하고 있는 거예요."

학교 폭력을 당했을 때는?

즉각 주변에 알려 도움을 받는다.

김하나에게 현재 상황에 대해 들었는지 박소연은 양미수가 묻기도 전에 말했다.

"그래요?"

양미수가 되묻자, 박소연이 대답했다.

"네, 하나는 거짓말할 아이가 아니거든요."

그러나 양미수는 박소연의 말을 무조건 믿을 수는 없었다. 박소연은 김하나와 친한 친구 사이니까, 김하나의 말을 전적으로 믿을 수 있고, 또 이샛별보다는 김하나의 편을 들 수 있기 때문이다. 양미수가 물었다.

"그럼 이샛별이나 최민지가 거짓말한 거라고 생각해요?"

박소연이 대답했다.

"네, 하나가 저한테 두 번이나 이샛별 때문에 다쳤다고 말했거든요. 두 번 다 이샛별이 하나를 데려간 날이었어요."

수업이 끝나고 김하나와 박소연이 같이 집에 가려고 했을 때였는데, 갑자기 이샛별이 김하나에게 친한 척하면서 데리고 갔다는 것이다.

"하나가 저보고 먼저 가라면서 이샛별을 따라가는 거예요. 그래서 이샛별한테 약점 잡힌 게 있나 생각했어요."

그런데 다음 날, 김하나가 머리에 반창고를 붙이고 왔다는 것이다.

"하나가 다른 애들한테는 실수로 넘어졌다고 하더니, 저한테만 얘기했어요. 이샛별이 밀쳤다고."

그러더니 다음에는 무릎을 다쳐 왔다는 것이다.

"제가 또 이샛별이 그런 거냐고 했더니, 그렇다는 거예요. 그래서 당장 선생님께 말씀드리자고 했는데, 하나가 이샛별이 복수하면 어떻게 하냐며 말렸어요. 그러더니 얼마 뒤에 또 맞은 거예요."

"이샛별이 김하나를 때리는 것을 본 적은 없었던 거죠?"

양미수의 질문에 박소연이 대답했다.

"네."

"최민지와 이샛별의 사이는 어땠나요?"

양미수가 다시 묻자, 박소연이 입을 삐죽거리며 말했다.

"최민지가 원래 성격이 별로라서 아이들이 좋아하지 않았거든요. 그런데 이샛별이 잘해 주니까 얼른 붙은 거예요. 그때부터 이샛별이랑 친하다고 엄청 잘난 척했어요. 자기가 연예인도 아닌데."

그러더니 문득 생각난 듯 말했다.

"맞다! 이샛별이 전학 가기 전에 최민지가 이샛별한테 울면서 막 뭐라고 한 적이 있어요."

"울면서요? 왜요?"

양미수가 묻자, 박소연이 고개를 갸웃하며 대답했다.

"이유는 모르겠는데, 최민지가 '내가 너한테 어떻게 했는데, 이러느냐'면서 막 울었어요."

양미수는 생각했다.

'사이가 벌어졌다는 얘기네……. 그렇다면 이제는 최민지도 진실을 말해 주지 않을까?'

그 시각, 유정의와 권리아는 최민지를 만났다. 최민지는 엄마와 함께 나왔다. 민지 엄마가 아이들을 보더니 황당한 표정으로 말했다.

"변호사님이라고 들었는데……."

어린아이들이 나왔으니, 의아한 것이다. 유정의가 얼른 수습 변호사 명함을 내밀며 말했다.

"법무 법인 지음의 수습 변호사, 유정의입니다."

권리아도 명함을 주며 말했다.

"권리아입니다."

민지 엄마가 명함을 보며 떨떠름한 표정을 지었다. 그런데 최민지는 아무 말도 안 하고, 마치 죄지은 사람처럼 주눅 들어 있었다. 민지 엄마가 매서운 눈을 하며 물었다.

"우리 민지가 뭘 잘 몰라서 선뜻 만나겠다고 한 것 같은데, 왜 만나자고 한 거죠?"

권리아가 민지 엄마에게 간단하게 현재의 상황을 설명했다. 그러자 민지 엄마는 기막힌 표정으로 물었다.

"그러니까 지금, 하나 재판에 민지보고 증인을 서 달라는 거예요?"

유정의가 얼른 대답했다.

"네, 김하나가 이샛별한테 폭행당한 것을 본 유일한 목격자니까……."

그런데 민지 엄마가 말을 자르며 화를 냈다.

"폭행당하긴 누가 폭행을 당해요! 그거 하나가 거짓말하는 거예요. 변호사라는 사람들이, 아니 수습 변호사라 그런가? 어디서 말도 안 되는 거짓말을 믿고……."

그러더니 갑자기 벌떡 일어나며 말했다.

"난 또 무슨 일인가 했네. 여하튼 우리 민지는 증인 설 생각은 추호도 없으니까 더 이상 연락하지 마세요."

그러더니 최민지의 손을 잡아 일으켰다.

"가자, 민지야."

"엄마……."

민지가 엄마와 아이들을 번갈아 보며 일어섰다. 당장이라도 울 것 같은 표정이었다. 권리아도 갑작스런 상황에 당황해서, 민지 엄마에게 간청했다.

"어머니, 저희 얘기 좀……."

유정의도 엉거주춤 일어나는데, 엄마가 최민지를 잡아끌고 나가며 말했다.

"아이, 됐어요. 가뜩이나 그 일로 골치 아파 죽겠는데."

"어머니, 잠깐만요……."

권리아가 따라 나갔지만, 민지 엄마는 민지를 끌고 그대로 나가 버렸다. 유정의가 의자에 풀썩 앉으며 한숨을 쉬었다.

"휴, 내가 이럴 줄 알았다니까."

권리아도 굳은 표정으로 자리에 앉았다. 둘 사이에는 잠시 침묵이 흘렀다. 그런데 권리아가 뭔가 생각난 듯 물었다.

"정의야, 지금 어머님 말씀 들었지?"

"어머님 말씀? 들었지. 더 이상 할 말 없다, 이만 간다."

유정의가 당연하다는 듯 대답하자, 권리아가 손을 내저으며 말했다.

"아니, 그다음에. 가뜩이나 그 일로 골치 아파 죽겠는데, 그랬잖아."

"그랬나? 그런 것 같기도 하고……."

유정의가 고개를 갸웃하며 말하자, 권리아가 눈을 반짝이며 말했다.

"이 일과 관련된 또 다른 일이 있다는 얘기 아냐?"

유정의가 눈썹을 찡긋하며 동의했다.

"그러네. 그런데 2년 전 일이잖아. 지금 복잡할 게 뭐……."

그러더니 이내 생각난 듯 말했다.

"이샛별도 최민지한테 증인 서 달라고 했나?"

권리아는 고개를 저으며 말했다.

"증인 설 일이 뭐 있어. 이미 혐의 입증돼서 소년 보호 재판에 넘어갔는데."

그러고는 추리를 하기 시작했다.

"내 생각에는 반대 상황이 아닐까? 아까 최민지 표정을 보니까 상당히 불안해 보이더라고. 민지 어머님도 골치 아파 죽겠다고 했고. 그리고 그냥 싫다고 하면 될 것을 엄청 화를 내신 것도 이상하지 않아?"

"듣고 보니 그러네."

유정의가 고개를 끄덕이는데, 퍼뜩 어제 찾아봤던 이샛별 기사의 내용이 생각났다.

"가만, 이샛별 소속사가 올린 기사에 이샛별에게 악플이나 비방 글을 올린 사람들을 고소한다고 쓰여 있었어."

그러더니 인터넷에서 다시 기사를 찾아 보여 주었다.

"봐. 사람이 아니라, 사람들. 고소당한 사람이 김하나 말고 또 있다는 뜻이지."

인터넷

인터넷은 전 세계의 컴퓨터가 서로 연결되어 정보를 주고받을 수 있도록 만든 통신망이야.

인터넷에 접속하면, 세계 곳곳에 있는 사람들과 순식간에 메일을 주고받을 수 있고,

직접 얼굴을 보면서 화상 통화나 화상 회의도 할 수 있지.

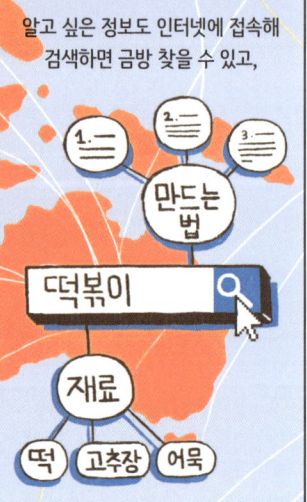

알고 싶은 정보도 인터넷에 접속해 검색하면 금방 찾을 수 있고,

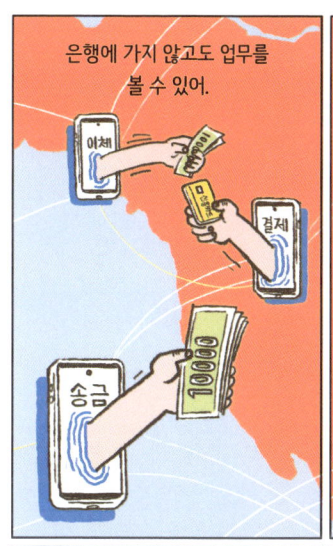

전 세계의 컴퓨터가 연결된 통신망

"그럼 최민지도?"

권리아의 말에 유정의는 도무지 이해할 수 없다는 표정으로 말했다.

"그런데 최민지는 이샛별 편이잖아. 김하나의 주장대로라면 거짓 증언까지 해 줬는데, 왜 이샛별이 최민지를 고소해?"

권리아가 벌떡 일어나며 말했다.

"알아보면 되지 뭐. 들어가자."

권리아와 유정의는 곧바로 사무실로 돌아왔다.

사무실에는 이범과 양미수도 돌아와 있었다. 아이들은 각자 조사한 결과를 전했다.

이범이 다 듣고 나더니 말했다.

"내가 최민지도 당했는지 알아볼 테니까, 너희들은 인터넷에서 떠돌고 있는 이샛별 비방 글 좀 찾아봐. 최민지가 쓴 글이 있을 수도 있으니까."

"네!"

아이들은 대답하고, 곧바로 온라인 커뮤니티에 올라와 있는 이샛별 관련 글들을 찾아보기 시작했다. 그런데 권리아가 고

개를 갸웃하며 말했다.

"벌써 다 내려진 거 같은데."

정말 이샛별을 비방하는 글들은 좀처럼 보이지 않았다.

"명예 훼손으로 고발한다고 하니까 겁나서 다 삭제했네."

양미수의 말에 유정의가 씩 웃으며 컴퓨터 화면을 보여 주었다.

"그래도 남은 건 있지."

"찾았어?"

권리아와 양미수가 눈이 동그래져 몰려들었다. 유정의가 으스대며 말했다.

"원본 글은 삭제됐고, 캡처해서 떠돌아다니는 걸 찾았지."

"역시 유스타!"

양미수가 엄지척하며 칭찬했다. 그런데 김하나가 쓴 원본 글이었다.

"에이, 이건 김하나가 쓴 글이잖아. 다른 사람이 쓴 글을 찾아야지."

권리아가 실망해서 말하자, 유정의가 답답한 표정으로 말했다.

"댓글. 밑에 달린 댓글을 보라고."

권리아와 양미수는 유정의가 가리키는 댓글을 읽었다.

수사 기관에 범죄 사실을 신고해 범죄의 처벌을 구하는 것

이샛별이 친구 때리는 거 내가 다 봤어요.
이샛별, 거짓말쟁이에, 착한 척하는 가식덩어리예요.

"최민지가 쓴 글이야?"

양미수가 놀라 물었다. 이샛별이 친구를 때리는 것을 본 사람은 최민지뿐이기 때문이다.

"그렇지 않을까?"

유정의의 말에 권리아는 의심스런 표정으로 말했다.

"김하나가 쓴 글을 보고, 꾸며서 쓴 거 아닐까? 익명으로 쓰는 댓글이라 그러는 경우도 많잖아."

"아이디를 확인해 보면 되지. 최민지인지, 아닌지."

유정의가 별일 아니라는 듯 말했다.

그때, 이범이 회의실 문을 열고 들어오며 말했다.

"최민지도 고소당한 거 맞아."

유정의가 잘난 척하며 말했다.

"거봐. 최민지가 쓴 댓글이 맞다니까."

그러자 이범이 자리에 앉으며 말했다.

"그런데 일주일 만에 고소를 취하했대."

취하란, 신청했던 일이나 서류 등을 취소하는 것을 말한다.

"취하했다고요? 왜요?"

권리아가 놀라며 묻자, 이범이 자신의 생각을 말했다.

"이샛별도 최민지가 두렵지 않았을까? 유일한 목격자니까."

유정의가 추리를 덧붙였다.

"그래서 일단 고소하고, 너는 고소 취하해 줄 테니까 절대 발설하지 말아라, 했겠네요."

양미수도 동의했다.

"맞네, 그랬던 거네."

그러나 권리아는 의심스러운 듯 말했다.

"그랬다면 문제가 해결된 거잖아. 그런데 최민지는 왜 계속 불안해한 거지? 죄지은 사람처럼 주눅도 들어 있고."

"어머니께 혼나서 그랬겠지. 고소 취하돼서 다행이다, 생각했는데, 최민지가 변호사 만난다고 하니까 또 뭐라 하셨겠지. 그래서 어머님도 화가 많이 나신 거고."

유정의의 말에 권리아는 고개를 끄덕였다.

"그래, 일리가 있네."

그런데 이범이 유정의가 찾은 댓글을 보고 의문을 제기했다.

"최민지가 이 글을 썼다는 건 최민지도 이샛별의 행위를 폭로하고 싶은 마음이 있었다는 얘기 아냐?"

"이샛별이 전학 가기 전에 무슨 일인지 최민지가 이샛별 앞에서 많이 울었다고 했잖아요. 최민지도 그때의 앙금이 남아 있었던 거 아닐까요?"

양미수의 말에 권리아가 아쉬운 표정으로 말했다.

"아, 어머님만 안 계셨으면 설득하는 건데."

"이미 틀어져 버린 일인데 후회해서 뭐 해."

유정의의 말에 양미수가 이범에게 물었다.

"이제 어떻게 해요?"

이범이 대답했다.

"다른 증인이 있는지 다시 찾아봐야지."

하지만 표정이 별로 밝지 않았다. 이범도 당장 뾰족한 방법이 없기 때문이다.

다음 날 아침, 고 변호사가 아침 회의에 들어와 물었다.

"사건 맡은 건 잘되어 가고 있나요?"

아이들끼리 알아서 하라고 하더니, 갑자기 웬 관심인가. 이범이 보고했다.

"**위법성 조각 사유**에 관한 하급심 판결을 찾았습니다. 이번 사건과 아주 유사한 사건이 있었더라고요. 유명 연예인이……."

그런데 고 변호사가 끝까지 듣지도 않고 물었다.

 **위법성 조각 사유**

"찾았으면 됐고요. 무죄를 입증할 증거는요?"

"그건…… 찾고 있습니다."

이범의 대답에 고 변호사는 날짜를 확인하더니 다이어리를 덮으며 말했다.

"3일 남았네요. 그럼 기대하고 있겠습니다."

아이들이 증거 찾기를 기대한다는 건지, 아니면 증거를 못 찾아서 재판에서 지기를 기대한다는 건지. 아이들은 고 변호사의 말에 모두 떨떠름한 표정을 지었다.

고 변호사가 나가자, 유정의가 말했다.

"재판 지면, 바로 우리 팀 안 맡겠다고 하실 것 같은데요."

고 변호사의 의견을 무시하고 아이들끼리 사건을 맡았으니, 지고 나면 그 책임도 아이들에게 떠넘길 게 분명하지 않겠는가. 아이들은 한숨이 절로 나왔다.

이범도 굳은 표정으로 말했다.

"최민지 한 번 더 만나 보자. 그리고 김하나, 이샛별과 같은 반이었던 다른 아이들이랑 교장, 교감 선생님도 만나 보고."

끝까지 최선을 다해 볼 수밖에 없으니 말이다. 그러나 그날도, 다음 날, 그다음 날도 아무런 성과가 없었다. 게다가 최민지는 계속 전화를 받지 않았다. 재판이 내일로 다가왔는데, 아무런 대책도 없이 저녁이 되어 버렸다.

위법성 조각 사유

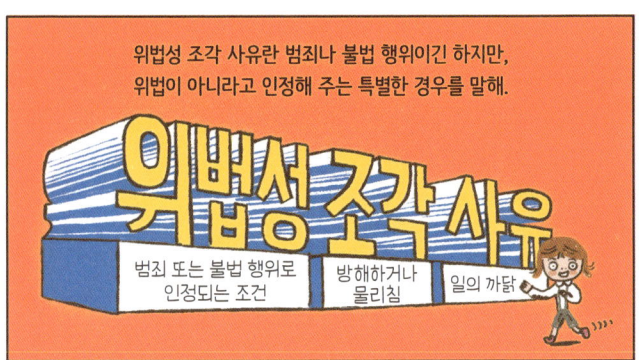

위법성 조각 사유란 범죄나 불법 행위이긴 하지만, 위법이 아니라고 인정해 주는 특별한 경우를 말해.

위법성 조각 사유 — 범죄 또는 불법 행위로 인정되는 조건 / 방해하거나 물리침 / 일의 까닭

자기 또는 다른 사람을 지키기 위해 어쩔 수 없이 가해 행위를 하게 된 '정당 방위'.

급박한 상황에서 자기 또는 다른 사람의 위기를 피하기 위해 한 행동인 '긴급 피난'

범죄나 불법 행위지만, 위법이 아니라고 인정해 주는 경우

"어떡해요? 재판에 안 나갈 수도 없고."

양미수의 말에 유정의도 난감한 표정으로 말했다.

"증인 신청도 해 놨는데, 큰일이네요."

권리아가 의견을 냈다.

"재판장님께 시간을 좀 더 달라고 부탁해 보는 건 어때요? 사건을 맡은 지 얼마 안 돼 시간이 없었다고. 그럼 좀 더 방법을 찾아볼 수 있잖아요."

"그게 되겠냐? 그리고 시간이 더 있다고 방법이 있을까?"

유정의가 부정적으로 말하자, 양미수도 동의했다.

"맞아, 최민지를 설득하는 방법밖에 없는데, 그게 되겠냐고."

그러자 이범이 말했다.

"일단 퇴근들 해. 난 좀 더 정리하고 갈게."

"아니에요. 저희도 같이……."

유정의가 먼저 가기 미안해 말하는데, 권리아가 팔을 툭 치며 눈짓을 했다. 이범이 생각할 시간을 갖고 싶어 하는 것이 보였기 때문이다.

양미수도 눈치채고 벌떡 일어나며 말했다.

"네, 그럼 저희 먼저 갈게요."

아이들이 나가자, 이범은 어딘가로 전화를 걸었다. 그런데

재판

계속 받지 않자, 이범은 잠시 생각에 잠겨 있는 듯하더니 문자를 보냈다. 그러고는 책상 위에 놓인 휴대 전화만 뚫어지게 쳐다보고 있는 것이었다. 그렇게 한 30분쯤 지났을까, 전화벨이 울리고 전화를 받은 이범은 벌떡 일어나 회의실을 뛰쳐나갔다. 마침 문밖에 있던 하 사무장을 보자 가던 길을 멈추고 물었다.

"사무장님, 검찰에 계실 때 증인 설득 잘하기로 유명하셨다면서요. 비법이 뭐예요?"

이범의 질문에 하 사무장은 크게 웃으며 대답했다.

"비법이요? 하하. 그런 거 없어요."

그러더니 어깨를 으쓱하며 말을 이었다.

"굳이 말하라고 한다면……. 진심과 뚝심? 진심을 다해 뚝심 있게 설득하면 통하더라고요."

그러자 이범이 마음에 새기듯 되뇌며 말했다.

"진심과 뚝심이요."

그러더니 황급히 뛰어나가며 말했다.

"감사합니다, 사무장님"

갑자기 어딜 그렇게 급하게 가는 것일까?

이범의 뒷모습을 바라보던 하 사무장이 싱긋 웃었다. 마치 이범이 어디를 가는지 다 알고 있다는 듯 말이다.

법의 판결은 잘못되었지만 법의 효력을 훼손하지 않기 위해 독배를 마셨다.

진실을 말해 줘!

다음 날 아침, 서울 가정 법원 소년부에서는 김하나의 소년 보호 재판이 열렸다. 소년 보호 재판에는 보호 소년인 김하나와 할머니, 그리고 보조인인 이범만 참석할 수 있다. 그래서 다른 아이들은 법정 밖에서 기다리기로 했다. 이범이 법정으로 들어가려는데, 권리아가 격려했다.

"잘될 거예요. 힘내세요. 파이팅!"

하지만 이범은 굳은 표정으로 옅은 미소만 지었다. 김하나의 무죄를 입증하기 위해 백방으로 뛰었으나, 결국 빈손으로 재판에 들어가게 됐기 때문이다.

김하나가 법정에 서자, 판사가 재판 시작을 알렸다.

"사건 번호 2024푸1234 재판을 시작하겠습니다."

판사가 김하나에게 물었다.

"하나야, 이샛별과 4학년 때 같은 반이었네?"

가정 법원 / 소년 보호 재판

"네."

김하나가 대답했다. 판사가 다시 물었다.

"온라인 커뮤니티에 이샛별에게 폭언, 폭행을 당했다고 쓴 글, 네가 쓴 거 맞니?"

"네."

김하나가 자백하자, 판사가 증거 자료를 보며 물었다.

"그런데 학폭위 처분 결정서에는 폭언한 것만 인정됐네. 그럼 폭행했다고 한 건 거짓말한 거 맞지?"

김하나가 강하게 부인했다.

"아니에요. 그거 잘못된 거예요. 샛별이가 세 번이나 때렸는데, 최민지가 거짓말하는 바람에 그렇게 된 거예요."

판사가 결정서를 내밀며 되물었다.

"그러니까 학폭위의 처분 결정이 잘못됐다는 거야?"

그러자 이범이 얼른 나서서 변호했다.

"맞습니다. 당시의 학폭위 처분은 유일한 목격자였던 최민지의 거짓 증언으로 인해 잘못된 처분이 내려진 것입니다."

판사가 날카로운 눈으로 이범을 보며 말했다.

"그랬다면 그때 징계 처분을 취소해 달라는 행정 심판이나 소송을 했어야죠. 이제 와서 잘못된 처분이라고 주장하면 무슨 소용이 있습니까?"

법원

사법권: 법을 적용하여 권리와 의무 관계를 정해 주고, 법을 위반했는지 판단하는 일

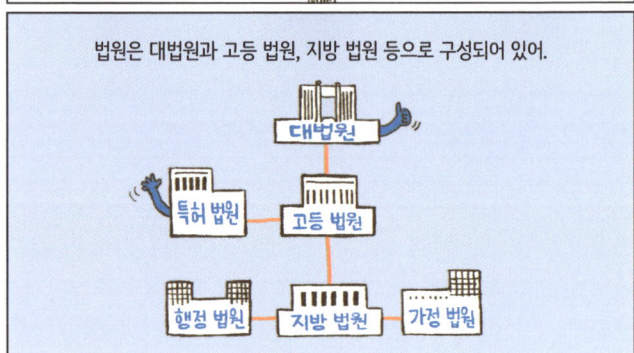

법에 따라 재판을 하는 국가 기관

소년 보호 재판

소년 보호 재판은 만 10세 이상 19세 미만의 소년이 범죄나 비행을 저질렀을 때 받게 되는 재판이야.

경찰이나 검찰에서 죄가 있음을 확인하고 가정 법원 또는 지방 법원의 소년부로 사건을 송치하면 재판이 시작돼.

송치: 피의자와 서류를 넘겨 보내는 일

판사는 1명뿐이고, 검사와 방청객이 없어. 소년범은 '보호 소년'이라 부르고, 변호사도 '보조인'이라고 부르지.

만 19세 미만의 소년이 범죄나 비행을 저질렀을 때 받게 되는 재판

그러자 할머니가 나섰다.

"제가 잘 몰라서 그랬던 거예요. 취소해 달라고 할 수 있는지도 몰랐거든요. 그러니 하나가 억울해서 인터넷에 글도 쓴 거고요. 그러니 제발 우리 하나 말 좀 믿어 주세요."

할머니가 간곡하게 부탁하자, 이범이 일어나 단호한 어조로 주장했다.

"그래서 이 사건은 「형법」 제310조, '타인의 명예를 훼손한 행위가 진실한 사실로서 오로지 공공의 이익에 관한 때에는 처벌하지 아니한다.'는 법률에 의거하여, 위법성 조각 사유에 해당된다고 생각합니다."

판사가 골치 아픈 표정으로 물었다.

"위법성 조각 사유요?"

"네, 이번 사건과 마찬가지로, 대중에게 잘 알려진 연예인이 학교 폭력을 저질렀다는 글을 온라인에 남긴 피고인에게 공공의 이익을 위해서 진실한 사실을 말한 것이었다고 인정해, 무죄로 판단한 하급심 판결이 있습니다."

이범이 자세하게 설명했으나, 판사는 이의를 제기했다.

"그건 진실을 말했을 경우 아닌가요? 학폭위 처분 결정서까지 있는 마당에 그걸 뒤집을 만한 증거가 있냐고요."

이범이 자신 있게 대답했다.

"있습니다. 당시 상황을 목격한 증인이 있는데, 이샛별이 김하나를 폭행하는 것을 분명히 봤으며, 이샛별의 부탁으로 학폭위에서 거짓 증언을 했다고 자백했습니다."

그러자 판사는 재판 서류를 뒤적거리더니 물었다.

"증인 신청했네요. 학폭위 처분 결정이 잘못됐다는 것을 증명해 줄 증인이라는 건가요?"

"그렇습니다."

이범이 대답하고 초조한 표정으로 문 쪽을 바라봤다. 사실 어제저녁 아이들이 간 후, 이범은 최민지에게 계속 전화를 걸었다. 그런데 역시 받지 않았다. 그래서 이범은 지푸라기라도 잡는 심정으로 최민지에게 장문의 문자를 보냈다.

하나가 쓴 글에 댓글 쓴 사람, 민지 학생 맞죠?
하나에게 미안해서 쓴 글 아닌가요?
그 글을 쓰기 전에 많이 망설였을 거예요.
큰 용기를 내어 쓴 글인데, 명예 훼손으로 고소까지 당했으니 겁나는 것도 이해해요.
하지만 지금 하나를 구할 수 있는 사람은 민지 학생밖에 없어요.
한 번만 다시 생각해 줘요.
전화 기다릴게요.

그리고 간절한 마음으로 전화를 기다렸다. 그런데 한 30분쯤 지났을까? 드디어 최민지가 전화를 한 것이다. 이범이 얼른 전화를 받자, 최민지가 말했다.

"한 시간 후에 학원 끝나는데, 집에 바로 가야 해서 10분밖에 시간이 없어요."

"괜찮아요. 내가 바로 갈게요."

그래서 곧바로 뛰어나가 최민지를 만난 것이다. 이범은 최민지에게 조심스럽게 물었다.

"이샛별이 김하나를 폭행한 것이 맞는 거죠?"

"네, 그런데 이샛별이 그럼 이제 배우를 하지 못한다고, 계약도 다 깨져서 손해 배상해야 한다고, 그럼 자기는 죽어 버릴 거라고 울고불고 난리를 쳤어요."

그래서 할 수 없이 거짓말을 했다는 것이다. 이범이 최민지의 마음을 파악하고 위로의 말을 했다.

"그러고 나서 계속 마음에 걸렸군요."

"네."

최민지가 대답하는데, 눈물이 글썽했다. 그동안 양심의 가책을 많이 느꼈던 것이다.

"학교에서 하나를 볼 때마다 미안했어요."

그러더니 최민지가 눈물을 닦으며 말했다.

"그리고 이샛별이 미운 마음도 있었어요."

이범은 박소연이 했다는 말이 생각났다. 이샛별이 전학 가기 전에 최민지가 울면서 화를 낸 적이 있다는 것 말이다.

"이샛별과 안 좋은 일이 있었군요?"

이범의 질문에 최민지는 털어놓기 시작했다.

"하나를 괴롭힐 수 없게 되니까 그때부터 샛별이가 저를 괴롭히기 시작했어요. 갑자기 짜증을 내기도 하고, 화를 내기도 하고……."

친구 사이니까 그래도 어떻게든 참으려고 했다는 것이다.

"그런데 이샛별이 만든 단체 채팅방이 있거든요. 이샛별이 친하다고 인정한 아이들만 들어갈 수 있는. 거기서 저보고 멍청하다, 눈치 없다고 하면서 욕을 하는 거예요."

최민지는 생각만 해도 억울한 듯 연신 눈물을 닦으며 말했다. 이샛별이 최민지에게도 학교 폭력을 가했던 것이다. 이범이 안타까운 표정으로 말했다.

"그것도 학교 폭력이에요. 그리고 단체 채팅방에서 험담이나 비방을 하는 건 명예 훼손죄로 고발할 수 있어요."

이범의 말에 최민지가 화들짝 놀라며 물었다.

"정말요? 이샛별이 저랑 하나를 고소한 그 명예 훼손이요?"

이범이 차근차근 설명해 주었다.

"맞아요, 명예 훼손죄는 다른 사람을 공공연하게 비방한 죄를 말하거든요. 그런데 단체 채팅방에서 한 대화는 채팅방 안에 있는 다른 사람들도 다 볼 수 있잖아요. 공공연하게 비방한 것으로 인정될 수 있는 거죠."

그래서 단체 채팅방에서 다른 사람을 비방하는 말을 했다가 명예 훼손이나 모욕죄로 처벌받은 판례가 많이 있다. 그러자 최민지가 억울한 표정으로 말했다.

"이샛별이 먼저 저의 명예를 훼손해 놓고, 오히려 저를 고발한 거네요."

이범은 최민지의 마음을 돌리기 위해 진심을 다해 설득하기 시작했다.

"이번이 잘못된 것을 바로잡을 수 있는 마지막 기회예요. 그러니까 쉽지는 않겠지만, 김하나의 재판에 증인이 되어 주세요."

최민지는 고개를 숙이며 미안해했다.

"저도 하고 싶은데, 엄마가 절대 안 된다고 하셨어요."

이범이 물었다.

"어머님도 예전 일에 대해 다 알고 계신가요?"

"네, 그런데 재판에 끼면 복잡해지고, 이샛별 소속사가 워낙 크고 힘이 세니까 무슨 해코지를 당할지 모른다고 가만히 있

으라고 하셨어요."

이샛별 소속사에서 명예 훼손으로 고소한 것을 취하해 주면서 으름장을 놓은 것이 분명하다.

"하지만 그렇다고 계속 이렇게 양심을 속이며 살 수는 없는 일 아니에요? 그게 얼마나 괴로운 일인데……."

이범은 마치 자신의 일처럼 마음 아파하며 말했다. 최민지는 자신의 마음을 진심으로 이해해 주는 이범이 고마웠다.

"엄마께 한 번 더 말씀드려 볼게요. 그런데 못 갈 확률이 높아요."

최민지와 헤어지고 오면서 이범은 마음을 다잡았다.

'진심을 다해 뚝심 있게 했으니, 기다려 보자.'

그런데 아직까지 최민지가 나타나지 않으니, 이범은 불안한 마음이 들었다. 판사가 재촉했다.

"그런데 증인은 안 왔나요?"

이범이 얼른 대답했다.

"네, 판사님. 증인이 사정이 있어서 오늘은 참석하지 못했습니다. 다음 기일을 잡아 주시면 그때는 꼭……."

그런데 바로 그때였다. 갑자기 문이 덜컥하고 열리더니 누군가 들어오는데, 바로 최민지였다. 김하나도 최민지의 등장에 눈이 둥그레졌다.

죽은 사람의 명예를 훼손하면?

2014년에 상영된 영화 '명량'은 이순신 장군의 업적을 기린 작품이야.

영화에는 이순신 장군을 암살하려 하고 거북선을 불태운 장군이 나오는데, 상상에 의해 만들어진 이야기였지.

그런데 이 장군의 후손들이 영화의 감독과 각본가 등을 '사자 명예 훼손죄'로 고소했어.

사자(死者): 죽은 사람

「형법」 제308조에 의해 처벌받을 수 있다.

"민지야, 증인이 법정에서 거짓말하면 벌을 받아. 그러니까 진실만을 말해야 해. 알고 있지?"

판사의 말에 최민지는 겁먹은 표정으로 대답했다.

"네."

"민지야, 샛별이가 하나를 때리는 장면을 본 적 있니?"

최민지는 김하나를 흘깃 쳐다보더니 대답했다.

"네."

"몇 번?"

"세 번이요."

"자세하게 얘기해 주겠니?"

판사의 말에 최민지는 차분하게 진술을 시작했다.

"처음에는 샛별이가 괜히 신경질을 내면서 밀었는데, 하나가 넘어지면서 책상에 머리를 부딪쳐서 다쳤어요. 두 번째는 운동장에서 샛별이가 일부러 하나가 있는 데로 공을 던져서 하나가 피하다가 넘어졌고요. 세 번째는 샛별이가 오라는데 하나가 빨리 안 왔다고 뺨을 때리고 발로 찼어요."

최민지가 당시의 상황을 자세하게 설명하자, 김하나는 그때

의 끔찍했던 일이 생각나 눈물을 흘렸다. 판사가 다시 물었다.

"그런데 왜 학폭위에서는 거짓 진술을 했니?"

"샛별이가 학폭 가해자가 되면 배우도 하지 못하고 계약도 다 깨진다고 그러면서 죽어 버리겠다고 했어요. 그래서 할 수 없이 거짓말을 했어요. 잘못했습니다."

판사가 잠시 고민하는가 싶더니 말했다.

"그래, 힘들었을 텐데 진술해 줘서 고마워."

그러고는 이범에게 곤란한 표정을 지으며 말했다.

"하지만 학폭위 처분 결정이 이미 나 있는 상태라 증인의 진술만으로 처분 결정을 뒤집기는 어렵습니다. 확실한 증거가 있어야……."

증인의 진술을 뒷받침할 확실한 증거가 필요하다는 말이다. 이범이 벌떡 일어나 반박했다.

"폭행 장면을 직접 목격한 증인입니다.「형사법」상에서도 목격자의 증언은 직접 증거에 해당되지 않습니까?"

그런데 바로 그때, 최민지가 나섰다.

"혹시 동영상도 증거가 되나요? 샛별이가 하나를 때리는 장면을 찍은 동영상이요."

모두 놀라 최민지를 쳐다봤다. 이샛별이 김하나를 폭행하는 장면을 찍은 동영상이 있다니 말이다.

증인이 거짓말을 하면?

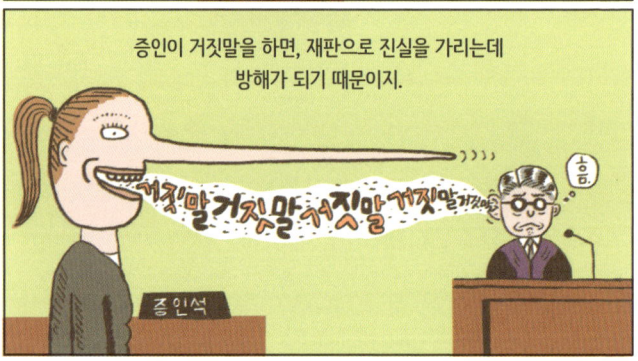

"동영상이요?"

이범이 눈이 동그래져 묻자, 판사도 되물었다.

"폭행 동영상이 있다고?"

"네, 여기요."

최민지가 휴대 전화를 내밀며 대답했다. 판사가 집행 실무관에게 눈짓을 하자, 실무관이 얼른 가서 최민지의 휴대 전화를 받아 판사에게 주었다. 판사는 휴대 전화 속 동영상을 재생해 보았다. 그런데 정말 이샛별이 김하나를 폭행하는 장면이 고스란히 찍혀 있는 것이 아닌가. 판사는 동영상을 다 보고 나더니 물었다.

"민지야, 마지막으로 하나만 더 물어볼게. 2년이나 지난 일인데, 이제 와서 진실을 밝히는 이유는 뭐니?"

최민지가 눈물이 글썽해 말했다.

"계속 양심에 걸렸어요. 학교에서 하나를 볼 때도 그랬고, TV에서 샛별이가 나올 때도 그랬어요."

최민지가 진술을 마치자, 이범이 일어나 주장을 펼쳤다.

"재판장님, 이로써 김하나가 이샛별에게 폭언뿐 아니라 폭행을 당했다는 사실이 밝혀졌습니다. 그러므로 김하나가 온라인 커뮤니티에 쓴 글은 거짓이 아닌 사실을 적시한 것이며, 이샛별은 유명 아역 배우이므로 김하나가 쓴 글은 공공의 이익에 부합되는 위법성 조각 사유에 해당됩니다. 그러므로 김하나에게 불처분 결정을 내려 주시길 간곡히 부탁드립니다."

이범이 일목요연하게 자신의 주장을 펼치자, 판사가 김하나에게 물었다.

"하나야, 마지막으로 하고 싶은 말 있니?"

김하나가 솔직하게 자신의 마음과 생각을 털어놓았다.

"이샛별이 저를 괴롭히고도 제대로 된 처벌을 받지 않아서 너무 억울했어요. 이샛별은 텔레비전에 나오고 행복하게 잘 사는데, 저만 힘들고 속상한 것 같아 참을 수가 없었어요. 이샛별한테 사과받고 싶은데 다른 방법도 없었고요. 그리고 다른 사람들도 이샛별의 진짜 모습을 알아야 한다고 생각했어요. 하지만 온라인에 글을 쓴 것은 잘못했습니다. 할머니를 힘들게 한 것도 죄송하고요. 앞으로 다시는 안 그러겠습니다."

판사는 잠시 생각하는가 싶더니, 단호하게 말했다.

"결정하겠습니다. 보호 소년 김하나는 진실한 사실을 적시한 것이 입증되었고, 공공의 이익을 위한 행위로 판단됩니다. 이는 명예 훼손에 대한 위법성 조각 사유에 해당되므로 보호 처분 없이 사건을 종결하겠습니다."

간절히 바라고 바랐던 불처분 결정을 받은 것이다.

"감사합니다. 감사합니다."

할머니가 판사와 이범에게 절하며 감사 인사를 했다. 이범은 재판에 이긴 것보다 김하나가 과거의 억울했던 일을 바로잡게 된 것이 더 기뻤다. 판사가 말을 이었다.

"그리고 하나야, 피해자가 제대로 사과받지 못한 것은 잘못된 일이 맞아. 네가 그동안 얼마나 힘들었을지도 충분히 이해해. 하지만 이 일을 통해 다른 사람의 명예도 존중해야 된다는 것을 배웠으면 해. 인터넷을 사용할 때는 네티켓도 잘 지키고. 알았지?"

"네, 알겠습니다."

김하나가 대답하자, 판사는 재판 서류를 챙기며 말했다.

"이상 재판을 마칩니다."

이범이 할머니와 김하나, 최민지를 데리고 법정 밖으로 나오자, 아이들이 모여들어 동시에 물었다.

"어떻게 됐어요?"

"무죄로 판결 났어."

이범의 대답에 아이들이 환호성을 지르며 박수를 쳤다.

"와!"

할머니가 다시 한번 감사 인사를 했다.

"감사합니다, 변호사님. 이 은혜를 어떻게 갚을지······."

이범이 손을 내저으며 최민지에게 공을 돌렸다.

"아니에요. 민지 학생이 도와준 덕분이에요."

그리고 최민지에게 인사했다.

"용기를 내 줘서 고마워요."

할머니도 최민지의 손을 잡으며 인사했다.

"고맙다, 민지야."

"고마워, 민지야."

김하나도 인사하자, 최민지는 김하나에게 사과했다.

"거짓말해서 미안했어."

그런데 그때였다.

"저도 죄송했어요."

최민지의 엄마였다. 최민지와 함께 왔던 것이다. 민지 엄마가 말을 이었다.

"제가 그때 좀 더 알아봤어야 했는데, 민지랑 샛별이 말만 믿고 실수했어요. 죄송합니다."

또 민지가 명예 훼손으로 고소를 당하자, 민지가 빠져나오는 것에만 급급해 진실을 외면한 것에 대해서도 사과했다.

"그런데 어제 민지가 그러더라고요. 이번 기회를 놓치면 평생 후회할 것 같다고. 정신이 번쩍 들었어요. 내가 아이를 망치고 있구나."

민지 엄마가 사과하자, 할머니가 위로의 말을 전했다.

네티켓 (사이버 공간 예절)

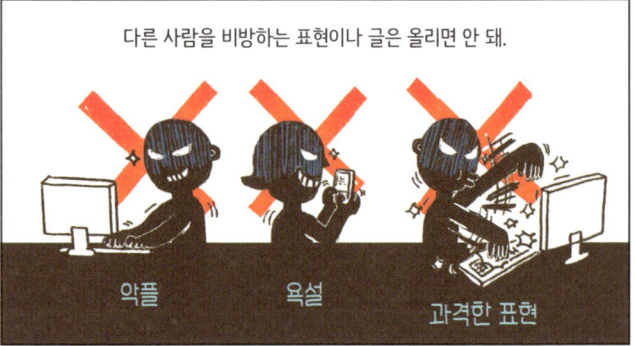

사이버 공간에서 지켜야 할 예절

"엄마 마음이 다 그렇죠. 이제라도 허락해 줘서 고마워요."

김하나의 재판은 그렇게 훈훈하게 마무리가 되었다. 사무실로 돌아오는 길, 권리아는 문득 궁금해져 물었다.

"선배가 최민지를 만나 설득한 거예요?"

이범이 고개를 끄덕이자, 유정의가 놀라워하며 물었다.

"어떻게요? 절대 안 해 줄 것 같았는데."

이범이 피식 웃으며 말했다.

"진심과 뚝심?"

그러고는 입을 다물어 버리는 것이었다. 진심과 뚝심이라니, 그게 무슨 말인가. 아이들은 영문을 모르니 고개를 갸우뚱했다. 아이들이 사무실에 들어가자, 한 대표가 칭찬했다.

"잘했네. 수고했어."

하 사무장도 축하 인사를 했다.

"축하드려요. 네 분 다 고생 많으셨어요."

이범이 하 사무장에게 넌지시 말했다.

"사무장님 덕분이에요."

하 사무장이 손사래를 치며 말했다.

"제가 뭘 했다고……. 고 변호사님은 회의실에 계세요."

그러더니 한 대표와 함께 싱긋 웃는 것이었다. 이범은 둘의 표정이 무엇을 의미하는지 알아차렸다. 아이들이 회의실로 들어가자, 고 변호사가 헛기침을 하며 말했다.

"흠흠, 수고들 했어요."

고 변호사도 재판 결과를 들은 것이다. 그런데 아이들이 자리에 앉자, 고 변호사가 아이들을 죽 둘러보더니 물었다.

"그런데 표정들이 왜 그래요?"

뜬금없는 질문에 아이들이 어리둥절해 서로를 쳐다보자, 고 변호사가 마땅치 않은 표정으로 말했다.

"어벤저스라도 된 것 같은 표정이라서요."

한마디로 잘난 척하지 말라는 뜻이다. 고 변호사가 하지 말라는 재판에서 이겼으니, 모두 의기양양한 표정이었던 모양이다. 다른 아이들은 얼른 표정을 굳히는데, 권리아는 생글생글 웃으며 엉뚱한 소리를 했다.

"어벤저스요? 오, 그거 좋은데요. 변호사 어벤저스! 헤헤."

권리아가 일부러 그러는 줄 알고, 고 변호사는 황당한 표정을 지었다. 그러더니 자리에서 일어나며 말했다.

"내일 아침 회의는 10시입니다. 그럼……."

고 변호사가 나가자, 양미수가 눈이 동그래져 물었다.

"내일부터 정식 회의를 하자는 말씀이신 거죠?"

이범이 고개를 끄덕이자, 아이들은 환호성을 질렀다.

"오, 예! 하하."

고 변호사가 자신들을 인정해 줬다고 생각하니 기분이 좋았다. 유정의가 생각난 듯 권리아에게 핀잔을 줬다.

"그런데 넌 거기서 장난치면 어떡하냐?"

그러나 권리아는 눈을 동그랗게 뜨며 말했다.

"장난 아닌데. 변호사 어벤저스, 멋지잖아. 우리 그거 하자."

양미수가 한술 더 떴다.

"그래, 하자. 불의를 물리치는 정의의 변호사 어벤저스!"

유정의가 고개를 절레절레 저으며 말했다.

"유치하긴……. 못 말린다니까."

그때였다.

"하지 뭐. 변호사 어벤저스!"

이범까지 찬성하자, 유정의가 황당한 표정으로 물었다.

"아이참, 선배까지 왜 그래요?"

"어벤저스가 되었다는 마음으로 열심히 하자는 거지."

이범의 말에 권리아가 신나서 말했다.

"좋아요. 그럼 우리는 지금부터."

"변호사 어벤저스!"

권리아와 유정의가 동시에 소리쳤다. 변호사 어벤저스라니! 과연 아이들은 불의를 물리치는 정의의 변호사 어벤저스가 될 수 있을까?

**법무 법인 지음,
그곳엔 아주 특별한 변호사들이 있다!**

각종 사건 사고를 해결하며 진짜 변호사로 성장하는 변호사 어벤저스의 멋진 활약이 펼쳐진다.

어린이 법학 동화
변호사 어벤저스

① **명예 훼손죄**, 진실을 말해 줘!
② **동물 보호법**, 책임감을 가져라!
③ **아동 복지법**, 위기의 아이를 구하라!
④ **형법**, 진짜 범인을 찾아라!
⑤ **도로 교통법**, 누가 가해자인가!
⑥ **학교 폭력**, 억울한 누명을 벗겨라!
⑦ **식품 위생법**, 양심을 지켜라!
⑧ **사이버 범죄**, 숨은 범인을 찾아라!
⑨ **저작권법**, 권리를 지켜라! (근간)
⑩ **청소년 보호법** (가제/근간)

글 고희정 ✦ 그림 최미란 ✦ 감수 신주영